Rainar Nitzsche:

Angst vor Spinnen und ihre Giftigkeit

Der Autor

Dr. Rainar Nitzsche, geboren 1955 in Berlin, Schulzeit im Saarland, wohnt mit seinen Vogelspinnen in Kaiserslautern, wo er Biologie studierte und seine Diplom- und Doktorarbeit über das Paarungsverhalten der heimischen Brautgeschenkspinne *Pisaura mirabilis* verfasste. Er schreibt seit 1975 Gedichte, Kurzprosa, fantastische Romane sowie Sachbücher über Spinnen, hielt in den letzten Jahren Vorträge über Spinnen, besuchte als »Spiderman« mit Vogelspinne und Exuvien im Gepäck Grundschulen und Hauptschulen und war bei Straßenfesten und Buchmessen mit seinem Stand vertreten. Sein Unterricht begann stets mit der Frage aller Fragen: »Wer hat Angst vor Spinnen?« Und Erstaunliches geschah: Fast so viele Jungs wie Mädchen meldeten sich. Und wie erwartet, war die Angst sehr unterschiedlich ausgeprägt, meist jedoch gar nicht *so* groß.

Zum Buch

Angst vor Spinnen und ihre Giftigkeit richtet sich an die Ängstlichen unter uns Menschen, deren Arachnophobie nicht (mehr) so groß ist, dass sie ein Foto von einer Spinne oder gar das Wort *Spinne* abschreckt. Zahlreiche Phobien werden erwähnt, den Schwerpunkt bilden die Zoophobien. Methoden zur Beseitigung der Phobie werden ausführlich dargestellt: Psychotherapie - Verhaltenstherapie: Konfrontationstherapie, Schritt für Schritt-Behandlungen, auch mit Hypnose, Spider-Man und Virtual Reality sowie das Tapping (EFT) und der Einsatz von Medikamenten (Betablocker).

Der zweite Teil richtet sich an alle Spinnenfans und naturwissenschaftlich Interessierten, die aktuell und ausführlich über die Gefährlichkeit von Spinnen informiert werden wollen. Giftarten und -wirkungen sowie alle für Menschen sehr giftigen wie auch weniger giftigen, heimischen und weltweit vorkommenden Arten werden vorgestellt.

Rainar Nitzsche

Angst

vor Spinnen

und ihre Giftigkeit

Mit 24 meist farbigen Abbildungen
(Spinnenfotos, Spinnenkunst)

Die Deutsche Nationalbibliothek verzeichnet diese Publikation in der Deutschen Nationalbibliografie; detaillierte bibliografische Daten sind im Internet über dnb.d-nb.de abrufbar.

Impressum
Rainar Nitzsche: Angst vor Spinnen und ihre Giftigkeit.
Computersatz: Dr. Rainar Nitzsche.
Frontcover, Titel: Elke und die Vogelspinne.
Alle Fotos und Abbildungen sind von Rainar Nitzsche mit Ausnahme von: Peter Jäger (S. 91), Bastian Rast (S. 94, 100).

Dieser Titel ist eine überarbeitete und - vor allem was die Phobien betrifft - erweiterte Ausgabe der Kapitel über Angst und Giftigkeit in den Büchern *Spinnen (Biologie - Mensch und Spinne - Angst und Giftigkeit), Spinnen-Sex und mehr* sowie *Spinnen-Spiegelungen in Menschen-Augen.*

Haftungsausschluss: Das Werk wurde unter größter Sorgfalt erarbeitet. Die Benutzung dieses Buches und die Umsetzung der darin enthaltenen Informationen erfolgen ausdrücklich auf eigenes Risiko. Der Autor kann für etwaige Unfälle und Schäden beim Umgang mit Spinnen aus keinem Rechtsgrund eine Haftung übernehmen. Für die Inhalte der in diesem Buch abgedruckten Internetseiten sind ausschließlich die Betreiber der jeweiligen Internetseiten verantwortlich. Der Autor hat keinen Einfluss auf Gestaltung und Inhalte fremder Internetseiten. Der Autor distanziert sich daher von allen fremden Inhalten. Zum Zeitpunkt der Verwendung waren keine illegalen Inhalte auf den Webseiten vorhanden.

© 2019 Nitzsche, Rainar
Herstellung und Verlag: BoD – Books on Demand, Norderstedt
ISBN: 9783749485031

Inhalt

Giftspinnen und Spinnengifte   73

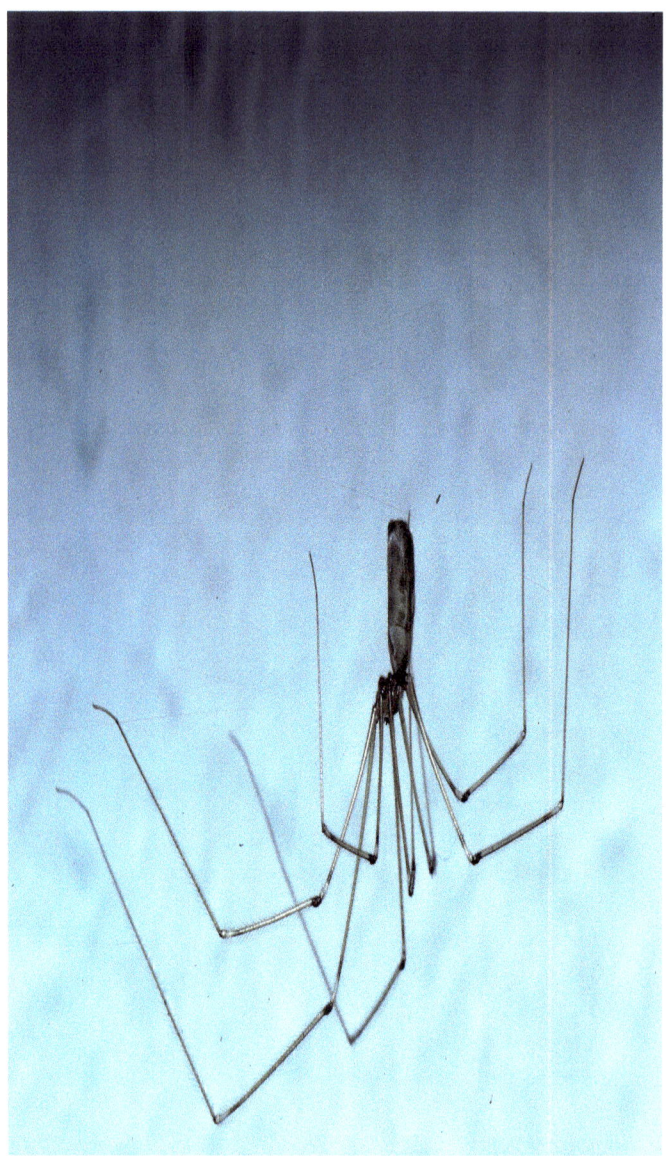

Die im Haus lauert, in den Ecken, an den Decken, hinterm Klo, das ist die Zitterspinne (*Pholcus phalangioides)* - ein wenig ver- zerrt - doch gewaltig anzuschauen.

Angst vor Spinnen

Die böse Spinne

Spinnen sind böse, nun ja, auf jeden Fall giftig, und töten mit ihrem Biss Menschen, so heißt es.

Hier ein paar Beispiele von dem, was so erzählt wird, so oder so ähnlich:

»Wie eklig! Giftig sind die und gefährlich, besonders diese großen Vogelspinnen! Wenn die zustechen, bist du schon so gut wie tot!«

»Wissen Sie, im Urwald gibt es riesige Monsterspinnen, die sind so groß, dass sie einen Menschen mit einem Biss verschlingen.«

»Und letztens stand es wieder in der Zeitung: *Todesspinnen im Supermarkt. Die oder wir. Nur einer kann überleben. Wir haben sie alle vergast.*«

»Überhaupt, Spinnen sind böse.«

»Warum?«

»Ist doch klar. Sie huschen nachts im Dunkeln herum, wenn anständige Menschen schlafen. Und hinterhältig sind sie auch, wenn sie mit ihren Netzen auf Beute lauern.«

Ich erinnere mich an ein Buch meiner Kindheit mit dem Titel *Biene Maja* und an die Fernsehfassung: Ohne ihren Freund Kurt wäre sie von der hinterhältigen und verlogenen Kreuzspinne Thekla, in deren Netz sie sich verfing, gefressen worden.

Sind Spinnen wirklich böse?

Können Tiere böse sein oder nur wir Menschen?

Moderne Sagen

Immer wieder einmal hören wir von Erlebnissen, die fantastisch und kaum glaubhaft klingen und die dennoch absolut wahr sein sollen, weil sie die Freundin von einer Bekannten gehört hat, nein, die es nicht selbst erlebte, sondern wiederum von ihrer Nachbarin erfuhr, ja, deren Kusine es tatsächlich passiert ist (oder so ähnlich).

Diese Geschichten nennt man »moderne Sagen« (»urban legends«), da sie in der Gegenwart spielen und - nicht wahr sind.

Diese Stories werden nicht nur von Mund zu Mund weitergegeben und an Stammtischen erzählt, sondern auch immer wieder abgedruckt und verfilmt. Und im Internet sind sie natürlich auch zu finden – und das stets mit dem Vermerk: »Absolut wahr«.

Rolf Wilhelm Brednich war es, der solche Geschichten sammelte und in mehreren Büchern veröffentlichte.

Sein erstes Buch *Die Spinne in der Yucca-Palme*, das 1990 erschien, trägt dann auch schon die Spinne im Namen und auf dem Frontcover gibt es eine Fotomontage mit Spinne: Gut zu erkennen sind sechs schwarz-weiße, lange Beine, zwei Cheliceren und ein Menschenmund mit weißen Zähnen und roten Lippen, darüber ein grünes herzförmiges Gebilde, darunter ein Blumentopf. Auf dem Backcover lesen wir zum Inhalt: »Geschichten [...] von der todbringenden Spinne in der Yucca-Palme [...]« Im Vorwort erfahren wir etwas über die Wirkungsweise der modernen Sage: Sie erklärt, belehrt und erläutert das an einem Beispiel und sie warnt.

In dieser ersten Sammlung können Spinnenfans drei »Erlebnisse« mit Spinnen entdecken, wobei unsere achtbeinigen Freunde zweimal als Stars auftreten (*Die Spinne in der Yucca-Palme, Der Insektenstich*).

Auch in der zweiten Sammlung mit dem Titel *Das Huhn mit dem Gipsbein* treffen wir wieder auf Spinnen (*Die Spinne im Haardutt, Die Spinne im Staubsauger*).

Die Spinne in der Yucca-Palme

Diese Erzählung beginnt damit, dass eine geschenkte Yucca-Palme beim Gießen quietschende Geräusche von sich gibt. Die Besitzerin ist beunruhigt und ruft Mitarbeiter einer Behörde zu Hilfe. Diese kommen in Schutzanzügen vorbei und nehmen die Pflanze mit. Abends teilen sie ihr telefonisch mit, dass eine ganze Tarantelfamilie in der Pflanze hauste und sie noch einmal Glück gehabt hätte.

Es gibt weitere Versionen dieser Geschichte, die in England und Schweden spielen. So bricht die Yucca-Palme knallend entzwei oder die Männer vom Tropeninstitut finden ein Spinnennest in einer Madagaskar-Palme. In diesem Fall wird eine Frau angegriffen und gebissen. In der Blumentopferde entdecken Angestellte eines Blumenladens das Nest einer giftigen Tarantel. Oder aber es bewegt sich beim Gießen der ganze Topf. Und die harmloseste Variante geht so: Der Händler findet nach den Geräuschen beim Gießen gar keine Spinne. Hier gibt es also gar keinen Angstauslöser und doch …

Dem nicht so Leichtgläubigen stellt sich beim Anhören all dieser Stories die berechtigte Frage, wie die Spinnen überhaupt in die Pflanze hineingekommen sind und wo sie denn da Platz gefunden haben.

Hierzu bleibt zu bemerken: Natürlich können Spinnen mit Pflanzen importiert werden, falls da nicht alles total vergiftet wurde, zumindest kamen sie einst und kommen auch heute noch (gekühlt) mit Bananen nach Europa. Aus der Erde könnten Spinnen krabbeln, falls genügend lockere im Topf ist, auch aus einem Loch im Stamm. Doch eine solche Pflanze wird erst gar nicht angeboten, denn die kauft ja ohnehin keiner. Auch bricht ein Stamm sicherlich nicht knallend entzwei – das ist doch mehr etwas fürs Theater und für Hollywood.

Und dieser Aufwand mit den Männern in Schutzanzügen, wirklich ungeheuer glaubhaft. Die tauchen wohl eher bei Radioaktivität, Bakterienverseuchung, SARS oder Hühnergrippe so gekleidet auf. Oder aber sie kommen tatsächlich geschützt vorbei, weil genetische Experimente gemacht wurden? Geheimwaffe Spinne in der Yucca-Palme!?

Die Spinne im Staubsauger

Eine ältere Frau kommt mit einer Tüte voller Einzelteile ihres Staubsaugers in eine Werkstatt und bittet den Elektromeister, ihn zu reparieren.

Dann erzählt sie ihm, wie es dazu kam: Sie hatte in ihrer Wohnung eine große Spinne an der Decke entdeckt. Sie fürchtete sich vor ihr, die musste da weg! Also nahm sie den Staubsauger und saugte sie ein. Jetzt fiel ihr ein, dass die Spinne wieder aus dem Staubsauger herauskriechen könnte, sobald sie ihn abgestellt hatte. Also überlegte sie, wie sie das verhindern könnte. Und nur eine Maßnahme konnte absolut sicher sein: Sie musste die Spinne töten. Doch womit? Vergiften und ertränken kamen nicht in Frage, denn sie steckte ja im Staubsauger. Da hatte sie die »geniale« Idee, die Spinne zu vergasen. Also öffnete sie den Gashahn des Herdes und hielt das Ansaugrohr des Staubsaugers auf die Gasdüse. Ein Knall, sie verlor das Bewusstsein. Wieder wach hatte sie nur noch den Griff des Staubsaugers in der Hand, doch die Spinne war tot, da war sie sich ganz sicher.

Nach Brednich kommen hier die bekannten Phänomene Angst vor Spinnen und mangelhafte Technikkenntnisse trotz Beherrschung der oft gebrauchten Geräte bei alten Damen und Hausfrauen zusammen.

Dazu kann ich nur bemerken: Das Gas ist bei uns heute nicht mehr giftig, damit kann man also niemanden vergasen, doch explodieren kann es natürlich. Erstaunlich ist es schon, dass es nur den Staubsauger erwischte. Wieso wusste die Frau, dass die Spinne tot war? Zur Sicherheit hätte sie doch lieber gleich das ganze

Haus in die Luft jagen sollen - das wiederum klappt ja, wie man gelegentlich in den Nachrichten hören kann: eine Gasexplosion und alles liegt in Schutt und Asche. Ob da bisweilen auch die Spinnenjagd Katastrophenursache ist? Wohl nicht, meist sicherlich ein Leck in der Gasleitung.

Nun ja, das alles wollte die ältere Frau verständlicherweise nicht. Einen Besen zu benutzen und sie damit von der Decke zu fegen und sie dann zu zertreten oder zu erschlagen, wäre sinnvoller gewesen. Doch da hätte die Spinne auf sie fallen und entkommen können. Zudem war kein Mann da, den sie hätte rufen können.

Ich rate zur spinnenfreundlichen Methode, die allerdings nur bei Menschen funktioniert, die keine allzugroße Angst vor Spinnen haben: Ein Glas oder eine Tasse nehmen und langsam über die Spinne stülpen, dann ein Stück Papier darunter führen, nun das Fenster oder die Tür öffnen und die Spinne hinauswerfen.

Im vorliegenden Fall mit der Spinne an der vielleicht hohen Decke einer Altbauwohnung und einer nicht mehr so fitten älteren Frau hätte diese Methode allerdings nicht funktioniert.

Die Spinne im Haardutt

Eine Frau lässt sich beim Friseur eine Hochfrisur machen, bei der eine Menge Haarspray verwendet wird. Einen Tag später bekommt sie Kopfschmerzen, ihr wird übel und sie ist schwindlig. Tabletten helfen nichts, der Arzt kann bei einer Röntgenaufnahme nichts feststellen. Nach wenigen Tagen mit wahnsinnigen Kopfschmerzen bricht die Frau tot zusammen. Die Obduktion ergibt, dass sich eine Spinne in ihrem Haar eingenistet hatte und aus der eingesprayten Hochfrisur nicht mehr herauskonnte. Vor lauter Hunger biss sie ein kleines Loch in den Schädel und ernährte sich von Hirnflüssigkeit. In der Folge kam es zu einer Hirnhautentzündung, die zum Tode der Frau führte.

Diese Geschichte ist laut Brednich ein Klassiker und war unter dem Titel »The Spider in the Hairdo« in den 50er Jahren in den USA eine von vielen »urban legends«. College-Studentinnen erzählten sie sich »als Warnung vor der Beehive-Haarmode und mangelnder Hygiene. Neuerdings wird die Geschichte wieder im Zusammenhang mit Punker-Frisuren erzählt.

Spinnen krabbeln aus der Haut

Immer wieder wird erzählt, dass Spinnen ihre Eier *in* unsere Haut legen würden. Doch das können sie gar nicht, denn sie besitzen im Gegensatz zu Schlupfwespen keinen Legestachel. Sie legen sie auch nicht auf irgendwelchem Untergrund ab, sei er mineralisch, pflanzlich oder tierisch, also nicht *auf* unserer Haut, sondern umspinnen ihre Eier mit Seide zu einem Kokon.

In Jeremias Gotthelfs *Die schwarze Spinne* von 1842 ist es kein Stachel, sondern der Kuss des Teufels, der eine Spinne in der Wange einer Frau wachsen lässt. Hier geht es um einen mit einem Wangenkuss besiegelten Teufelspakt: Er hilft ihr und bekommt dafür die Seele eines ungeborenen Kindes. Dieses wird getauft, der Teufel ist betrogen - und die Rache folgt sofort: Schwarze Spinnen brechen heraus und vergiften das Land.

Ein entsprechendes Ereignis präsentiert Rolf Brednich in seinem Buch *Die Spinne in der Yucca-Palme* unter dem Titel *Der Insektenstich*: Beim Urlaub in Afrika wird eine ältere Frau von einem Insekt gestochen. Es entsteht ein Pickel, der stetig wächst. Beim Drücken vor dem Spiegel im Bad platzt er auf und eklige kleine schwarze Spinnen kriechen hervor. Sie wird nach einem hysterischen Anfall ohnmächtig aufgefunden.

Typisch bei dieser Story ist, dass meist Spinnen und seltener Fliegen aus einer großen Schwellung oder einem Furunkel an den Wangen schlüpfen. Und immer handelt es sich um Frauen, die sich den Stich beim Urlaub in einem exotischen Land zugezogen haben und gerade in einen Spiegel schauen, wenn das Schlüpfen passiert und entsprechend geschockt sind. Doch wer von uns wäre das nicht! Und wohl jeder stände bei diesem Problem früher oder später vor einem Spiegel, ob an der Wand oder als App. auf dem Handy, und würde so den Horror hautnah erleben. Und die meisten von uns drücken in der Pubertät, aber auch später Pickel vor dem Spiegel aus.

Das Vorbild für den »Stich in die Wange-Erzählungen« bildet sicherlich Gotthelfs *Schwarze Spinne*. Doch was diente diesem zur Inspiration?

Aus biologisch-medizinischer Sicht ist es so, dass *Krätzmilben*, die zu den Spinnentieren gehören, doch keine Webspinnen und zudem winzig klein sind, in unserer Haut leben können. Sie sind für die Krankheit Krätze, medizinisch Skabies, verantwortlich.

Dasselfliegen (Familie Oestridae) können gelegentlich irrtümlich an Menschen gehen, wo sie das Auge befallen oder sich unter die Haut begeben, diese aber vorzeitig verlassen. Die Rinderdasselfliege (*Hypoderma bovis*), bei deren Auftauchen die Rinder panisch reagieren, klebt ein Ei ans Hinterteil oder in die Wade ihres Wirtes. Die nach einigen Tagen schlüpfende Larve bohrt sich in die Haut, löst dabei das Wirtsgewebe auf, ernährt sich von diesem und häutet sich erneut. Dieses zweite Larvenstadium ruft eine Fistel hervor. Sie verlässt die Dasselbeule mit Ende des dritten Stadiums und verpuppt sich im Boden, dort schlüpft die Fliege.

Anzumerken bleibt, dass es biologisch ein Unding ist, wenn aus Insektenstichen Spinnen entstehen. Doch sollten Fliegen schlüpfen und das Opfer hat eine Arachnophobie, dann werden sie vielleicht sogar als Spinnen wahrgenommen. Wie wir aber gerade lasen, werden Dasselfliegeneier im Gegensatz zum Verhalten von Schlupfwespen nicht in die Haut gestochen und schlüpfen die Fliegen aus Puppen in der Erde.

Brednich führt übrigens noch eine weitere Version des Insektenstichs an. Bei dem französischen Spielfilm *Die Vorleserin* leidet eine junge Frau an mysteriösen Kopfbeulen. Beim Haareschneiden verletzt die Friseurin die Kopfhaut. Aus der Wunde klettern Spinnen.

Verschluckte Spinnen

Eine andere moderne Sage lautet: Jeder Mensch verschluckt im Laufe seines Lebens bis zu 10 Spinnen im Schlaf. Auch andere Zahlen werden genannt: 4 im Leben oder gar 8 bis 50 im Jahr.

Wer etwas nachdenkt, fragt sich da mit Recht, wer das wohl wie gemessen haben will, denn dazu müssten Testpersonen in ihren Schlafzimmern monate-, jahrelang oder gar ein ganzes Leben lang mit Kameras oder Spinnensensoren beobachtet werden, was technisch heutzutage natürlich möglich ist, aber niemand tut.

Und warum sollten Spinnen, besonders die an trockene Umgebung angepassten bei uns im Haus vorkommenden Spinnen, die sich auf dem Boden oder an Fäden unter der Decke fortbewegen, überhaupt in unseren feuchten warmen Mund kriechen? Über die Bettdecke, unsere Arme, auch über unser Gesicht könnte natürlich einmal eine Spinne in der Nacht krabbeln, was wir vermutlich gar nicht bemerken würden.

Doch auf diese Argumentation hin hat der / die Ängstliche sofort eine Antwort parat: Die Spinnen müssen doch gar nicht auf uns herumlaufen. Die seilen sich einfach am Faden von der Decke ab und landen direkt in unseren offenen Mund. Und schon haben wir sie verschluckt.

Tatsächlich können auf Weibchensuche befindliche Zitterspinnenmännchen sich abseilen und könnten auf uns landen. So erzählte mir eine Biologiestudentin, dass dieses Erlebnis in ihrer Kindheit die Ursache für ihre Spinnenangst war.

Nehmen wir also einmal an, eine Spinne seilt sich ab und landet im offenen Mund des Schläfers, der dazu auf dem Rücken liegen muss und nicht schnarchen sollte, denn vor solch kräftigen Vibrationen und Luftschwingungen fliehen Spinnen. Was geschieht dann?

Wohl dasselbe, wie es draußen geschehen mag und gelegentlich auch passiert. Hier können nicht nur fliegende Insekten, sondern auch am Faden schwebende Spinnen (*Altweibersommer*) beim Laufen, Radfahren, Motorradfahren, Autofahren im Cabriolet durchaus in den Mund geraten. Sie werden dann in der Regel durch einen Reflex sofort ausgespuckt, könnten aber, wenn sie tiefer im Mund landen, auch verschluckt werden. Dann gelangen sie in den Magen und werden verdaut. Das dürfte keine schädlichen Auswirkungen haben.

Geraten Spinnen jedoch in die Luftröhre, tritt sofort der gar nicht angenehme Hustenreflex ein. Jedem von uns ist das sicherlich schon beim Essen passiert. Meist wird der Atemweg wieder frei, und wir schlucken den Übeltäter einfach herunter. Wenn nicht, muss sie entfernt werden. Auf jeden Fall dürften wir an einer winzigen Spinne nicht ersticken.

Die Spinne im Ohr

Auch im Ohr sollen sich schon Spinnen aufgehalten haben - und das nicht nur kurzfristig. So soll eine Frau Kopfschmerzen bekommen haben, nachdem ihr bei einer Motorradfahrt eine winzige Spinne ins Ohr geflogen wäre und dort ihr Netz gebaut hätte. Auch bei einer Chinesin soll eine Spinne einige Tage im Ohr gelebt haben.

Natürlich könnte eine kleine Spinne bei ihrem Fadenflug auch einmal in ein Menschenohr gelangen, wenn es doch sehr unwahrscheinlich ist. Wenn sie winzig genug ist und es ihr dort gefällt, könnte sie auch ein Netz bauen. Der Spinnenforscher Peter Jäger nahm hierzu bei *yahoo* Stellung: »Wenn die Spinne einmal den

Weg dahin gefunden hat, könnten theoretisch Milben im Ohr und vielleicht Ohrenschmalz als Futter dienen. Das ist nicht auszuschließen, mit solchen Geschichten sollte man jedoch vorsichtig sein.« Ich halte solch eine Ernährungsweise für sehr unwahrscheinlich. Und warum sollte diese Spinne überhaupt etwas gefangen und gefressen haben. Denn wie jeder weiß, können Spinnen lange hungern. Und bekäme man überhaupt von so einem winzigen Ohrbewohner Kopfschmerzen? Und überhaupt, die Benutzung eines Wattestäbchen zum Ohrreinigen würde sie zerquetschen.

Tödlich giftige Zitterspinnen

Auch unter Spinnenfachleuten kursieren Mythen, werden nicht nachgewiesene Eigenschaften für bare Münze genommen und weitererzählt. Im folgenden Fall bekenne auch ich mich schuldig.

So sollen Zitterspinnen, im Englischen »daddy-longlegs spiders« genannt (auch Weberknechte werden als »daddy-longlegs« bezeichnet!), zu den giftigsten Spinnen gehören, jedoch mit ihren kleinen Cheliceren die menschliche Haut nicht durchdringen können, also für uns ungefährlich sein.

Tatsache ist, dass sie sehr wohl mit ihren nur 0,25 mm großen Cheliceren durch unsere 0,1 mm dicke Haut beißen können, wie inzwischen getestet wurde. Das Resultat: ein mildes Brennen, das nur einige Sekunden lang anhält.

Phobien

Angst und Furcht

Phobien sind *panische* Ängste vor bestimmten Situationen, Objekten, Menschen und Tieren. Wir fürchten uns vor etwas oder jemandem. Daher ist *Furcht* der zutreffende Name.

Angst ist nicht objektbezogen und sichert und verlängert unser Überleben, etwa durch Flucht oder Verstecken, Erstarren. Sie hat in diesen Fällen einen Sinn, kann aber auch völlig unbegründet sein.

Im Alltag verwenden wir meistens den Begriff *Angst*, nicht nur, wenn wir uns ängstigen, sondern auch, wenn wir etwas fürchten.

Im Englischen steht *fear* für Furcht und Angst, auch wenn es die Worte *angst*, aber auch *anxiety, trepidation* neben *phobia* gibt.

Panische Angst

Allen bekannt ist die panische Angst vor engen Räumen, vor dem Eingeschlossensein, aus dem es kein Entrinnen gibt: die *Klaustrophobie*. Sie tritt im Fahrstuhl, in einem Tunnel und einer Höhle, aber auch beim Liegen in der Röhre, dem CT und MRT, im Krankenhaus auf.

Weit verbreitet sind auch die panischen Ängste vor Spinnen, Schlangen, Hunden und Bienen, die zu den *Zoophobien* gehören (s. u.).

Ängste

Viele von uns fürchten sich nicht ohne Grund vor dem Zahnarzt, vor Verletzungen, Vergewaltigungen und schließlich vor dem Sterben und dem Tod.

Wir geraten nicht in Panik, wenn wir schon einmal schlechte Erfahrungen mit etwas oder jemanden gemacht haben. Wir sind einfach vorsichtig, denn wir haben überlebt und gelernt.

In all den genannten Fällen handelt es sich nicht um Phobien, denn bei letzteren herrschen *zwanghafte Angstvorstellungen* vor, die von den Betroffen nicht kontrolliert werden können. Weder Einsicht noch Belehrungen über die Harmlosigkeit durch Angehörige oder Bekannte helfen gegen die Panikattacke des Phobikers.

Phobie-Symptome und -Folgen

Panik

Der von einer Phobie Betroffene atmet bei der Begegnung mit seinem Angstauslöser flach, schwitzt stark, sein Herz rast, sein Unterleib verkrampft sich, ihm wird übel, Schwindel und Kopfschmerzen treten auf, er rennt oder erstarrt - kurzum: Panik macht sich im ganzen Körper und im Kopf breit. In schweren Fällen bekommt er Todesangst. Er ist wie gelähmt etwa beim Anblick einer Spinne. Ist eine Frau betroffen, so ruft sie den Ehemann oder Freund zur Hilfe. Er soll das Objekt ihrer Angst töten oder zumindest entfernen.

Verhaltensänderungen

Von nun an wird der Phobiker alles tun, damit er nicht erneut von so einer schmerzhaften Panikattacke heimgesucht wird. Also verändert er sein Verhalten, weicht dem Panikauslöser aus, soweit das möglich ist.

Bei panischer Angst vor engen Räumen etwa kann er nicht mehr mit dem Aufzug fahren, muss also die Treppe benutzen.

Bei Flugangst kommen Reisen in ferne Länder und andere Kontinente nicht mehr in Frage, wenn möglich wird er sein Auto, Bahn oder Schiff benutzen.

So schränkt er sich selbst immer mehr ein und kapselt sich aufgrund seines zwanghaften Verhaltens und der Vermeidung des Angstauslösers immer mehr ab, was zu Einschränkungen in Berufsalltag und Freizeit und im Fall von Angst vor Menschenansammlungen zum Ende jeder sozialen Aktivitäten führt.

Von einfachen bis hin zu komplexen Phobien

Psychologen unterscheiden drei Phobie-Formen:

1. Einfache Phobien ohne einen emotionalen Hintergrund, die leicht zu behandeln sind und sich schnell auflösen, ein Beispiel ist die Flugangst.

2. Komplexe Phobien, bei denen ein Bezug zu vielen Ereignissen der Vergangenheit, die zu der phobischen Reaktion führten, vorliegt. Dies ist bei der Arachnophobie der Fall, wenn das Angstverhalten in der Kindheit von Mutter oder Geschwistern erlernt wurde.

Jedoch sind die Grenzen zwischen einfachen und komplexen Phobien fließend, da sich die unterschiedlichen Ängste miteinander vermischen können. Flugangst z. B. geht meist mit Höhenangst oder Angst vor engen Räumen einher. Zudem ist es sehr fraglich, ob es isolierte Phobien überhaupt gibt, also Betroffene nur diese *eine* Phobie ohne ernsthafte psychische Probleme haben. Dennoch lässt sich diese Phobie behandeln.

3. Phobien, die ein anderes Problem verbergen, also gar nicht das eigentliche Problem sind.

Zahlreiche Phobien

Es gibt Phobien gegen so gut wie alles, was Menschen sind und tun: Soziales, Länder, Religionen, Sprachen, Sex und Krankheiten, Bakterien, Pflanzen und Tiere, Dämonen und dem Teufel - und Gott. Erstaunlich, aber wahr, es gibt sogar eine Angst vor der Phobie (Phobophobie), die Angst vor allem (Panophobie, Pantophobie) und die Angst vor vielen Dingen (Polyphobie). Von der Klaustrophobie, der Angst vor Enge, geschlossenen Räumen und dem Eingesperrtsein, sowie von der Angst zu fliegen (Aviophobie) haben wir schon gehört. Zoophobien werden weiter unten ausführlich erörtert, die Arachnophobie im folgenden Kapitel. Hier habe ich eine Auswahl von Phobien aus einer alphabetisch geordneten, umfangreicheren Liste (www.preetz-hypnose.de/phobienliste/) zusammengestellt.

Gesellschaft, Menschen und Kultur

Anthropophobie – Angst vor Menschen
Islamophobie – Angst vor Muslimen
Judeophobie – Angst vor Juden
Neophobie - Angst vor allem Neuen
Peniaphobie – Angst vor Armut
Plutophobie – Angst vor Reichtum
Sociophobie / Soziale Phobie – Angst vor der Gesellschaft /
Angst, in sozialen Situationen negativ bewertet zu werden
Xenophobie – Angst vor Fremden und Ausländern

Räume und Reisen

Acrophobie - Angst vor Höhen
Agoraphobie - Platzangst beim Überqueren freier Plätze und
Straßen, allgemein: Angst vor allen Orten oder Situationen,
in denen Flucht nicht möglich oder schwierig ist bzw. keine
Hilfe verfügbar ist
Aviophobie (Aviaphobie, Aviatophobie) - Angst zu fliegen
Klaustrophobie - Angst vor engen Räumen
Stenophobie – Angst vor engen Dingen oder Orten

Einsamkeit, Liebe, Sex und Ehe

Frau und Mann

Coitophobie – Angst vor dem Geschlechtsverkehr
Erotophobie – Angst vor sexueller Liebe
Monophobie – Angst vor dem Alleinsein
Sexophobie (Heterophobie) – Angst vor dem anderen Ge-
schlecht

Frau

Agraphobie – Angst vor sexuellem Missbrauch
Hominophobie – Angst vor Männern
Tocophobie – Angst vor Schwangerschaft, Geburt
Virginitiphobie – Angst vor Vergewaltigung

Mann

Gynephobie (Gynophobie) – Angst vor Frauen
Homophobie – Angst davor, homosexuell zu werden
Medomalacuphobie – Angst, eine Erektion zu verlieren

Geschlechtskrankheiten

AIDSphobie – Angst, mit HIV angesteckt zu werden

Cypriphobie – Angst vor Geschlechtskrankheiten

Syphilophobie (Luiphobie) – Angst vor Syphillis (Lues)

Krankheiten, Verletzungen, Wahnsinn und Tod

Ärzte, Verletzungen

Agliophobie – Angst vor Schmerzen

Dentophobie – Angst vor Zahnärzten

Dystychiphobie – Angst vor Unfällen

Iatrophobie – Angst vor dem Arzt

Nosocomephobie – Angst vor Krankenhäusern

Pharmacophobie – Angst, Medikamente einzunehmen

Traumatophobie – Angst vor Verletzung

Vaccinophobie – Angst vor Impfungen

Altwerden und Sterben

Gerascophobie – Angst vor dem Altwerden

Necrophobie – Angst vor dem Tod, toten Dingen, Sterben

Drogen

Methyphobie– Angst vor Alkohol

Pharmacophobie – Angst vor Drogen

Toxiphobie – Angst vor Vergiftung

Gewicht

Pocrescophobie – Angst vor der Gewichtszunahme

Krankheiten

Agateophobie – Angst, wahnsinnig zu werden

Carcinophobie - Angst vor Krebs

Diabetophobie – Angst vor Diabetes

Emetophobie: Angst zu erbrechen.

Lyssophobie – Angst vor Tollwut oder irre zu werden

Pathophobie – Angst vor Krankheit

Schlaf, Traum, Hypnose

Hypnophobie – Angst, hypnotisiert zu werden

Oneirophobie – Angst vor Träumen

Somniphobie – Angst vor dem Schlaf

Schmutz

Koniophobie – Angst vor Staub

Verminophobie – Angst vor Keimen

Strahlung

Atomosophobie – Angst vor einer Atomexplosion

Radiophobie – Angst vor Radioaktivität

Religion und Esoterik

Hadephobie – Angst vor der Hölle

Hexakosioihexekontahexaphobie – Angst vor der Zahl 666

Paraskavedekatriaphobie – Angst vor Freitag dem 13ten

Samhainophobie: Angst vor Halloween

Satanophobie – Angst vor dem Teufel

Theophobie – Angst vor Gott, Religion, Göttern

Triskaidekaphobie – Angst vor der Zahl 13

Wiccaphobie: Angst vor Hexen und Hexerei

Dunkelheit und Nacht

Kenophobie – Angst vor Leere oder leeren Räumen

Noctiphobie – Angst vor der Nacht

Scotophobie – Angst vor Dunkelheit

Selenophobie – Angst vor dem Mond

Lesen, Schreiben, Internet

Bibliophobie – Angst vor Büchern

Cyberphobie – Angst vor Computern, dem Internet

Phobiebegriffsmonster

Hippopotomonstrosesquippedaliophobie – Angst vor langen Wörtern

Die häufigsten Phobien

Soziale Phobie (Angst vor Konflikten, negativ bewertet zu werden oder vor Reden in der Öffentlichkeit)

Angst vor engen Räumen (Klaustrophobie)

Angst vor weiten Plätzen, Menschengedränge (Agoraphobie)

Flugangst (Aviophobie)

Höhenangst (Acrophobie)

Angst vor Krebs (Carcinophobie)

Angst vor dem Tod, toten Dingen (Necrophobie)

Tierphobien (Zoophobien): Angst vor Spinnen, Hunden, Pferden, Bienen u. a.

Bakterien- und Pflanzenphobien

Übersteigerte Ängste gibt es gegen Bakterien (Bacillophobie, Bacteriophobie, Microbiophobie), verständlich, denn einige machen uns krank.

Andererseits ist wenig bekannt, dass zahlreiche Arten auf unserer Haut, also nicht nur in Mund und Darm leben. Da nützt das wilde Putzen im Haus überhaupt nichts, und bläst man die Kerzen auf der Geburtstagstorte aus, so sind jetzt 14-mal soviel Keime auf ihrer Oberfläche, allerdings meist harmlose, es sei denn das Geburtstagskind hat z. B. eine Erkältung, dann verteilen sich die Erreger auf dem Kuchen und natürlich auch in der Luft (das sind allerdings keine Bakterien, sondern Viren).

Und bringt man sich um, so wird der Körper von Bakterien zersetzt. Die einzige Fluchtmöglichkeit ist es, auf den Körper zu verzichten, körperlos zu existieren, wie es nach dem Tod sein mag und in ferner Zukunft sein wird.

Erstaunlicherweise gibt es Ängste vor Pflanzen ganz allgemein (Botanophobie) und vor Bäumen und dem Wald (Dendrophobie).

Zoophobien

Doch kommen wir nun zu unseren näheren Verwandten, denn Menschen sind Affen und Affen sind Tiere. Und Spinnen sind nicht die einzigen Tiere, vor denen sich Menschen fürchten. Übersteigerte Ängste vor Tieren werden *Zoophobien* genannt.

Parasiten und Blutsauger

Es ist verständlich und sinnvoll, dass wir Angst vor Parasiten haben, die auch in eine Phobie ausufern kann (Parasitophobie). Hierhin gehören auch die Angst vor Würmern ganz allgemein (Scoleciphobie) und davor, Würmer in uns zu haben (Taeniophobie, Teniophobie) sowie speziell vor Bandwürmern (Helminthophobie).

Das sind die Innenschmarotzer, doch auch auf unserer Haut leben unerwünschte Insekten bzw. suchen sie mehr oder weniger lange zum Blutsaugen auf. Und einige von ihnen übertragen Krankheiten (z. B. Malaria durch Mücken, Borreliose und Frühsommer-Meningoenzephalitis (FSME) durch Zecken), was auch für Füchse (Tollwut) und Ratten (Pest) gilt. Die Angst vor durch Tiere übertragene Krankheiten heißt Kynophobie.

Es gibt auch Menschen, die sich generell vor Insekten fürchten (Entomophobie, Insectophobie).

Nicht verwunderlich erscheinen die Ängste vor Läusen (Pediculophobie, Phtiriophobie), Motten (Mottephobie) und vor der Infektion durch Milben- und Zecken (Acarophobie) sowie vor Insektenstichen bzw. stechenden Insekten im besonderen, zumal, wenn man schon einmal gestochen wurde. Hierzu zählt die Angst vor Wespen, die im Sommer an süßen Getränken und am Eis naschen wollen: Viele Erwachsene schlagen um sich, Kinder krümmen sich und laufen zur Mutti, die sie beschützen soll (Spheksophobie). Doch auch eine Angst vor Bienen (Apiphobie, Melissophobie) ist bekannt, deren Gift besonders bei Vorhandensein einer Allergie viel gefährlicher als das der Wespen ist. Auch vor Ameisen fürchten sich manche Menschen (Myrmecophobie) sowie vor Termiten und anderen holzfressenden Insekten (Isopterophobie).

Wirbeltiere

Übrigens kommen auch Phobien vor zahlreichen Wirbeltieren vor, z. B. die Angst vor Fischen (Ichthyophobie) allgemein und speziell vor Haien (Selachophobie) und vor Amphibien (Batrachophobie), insbesondere Kröten (Bufonophobie).

Auch vor Reptilien fürchten sich manche Menschen panisch (Herpetophobie), speziell vor Schlangen (Ophidiophobie, Snakephobie).

Andere haben Angst vor Vögeln (Ornithophobie) oder speziell vor Hühnern (Alektorophobie). Lustig erscheinen dem Nichtbetroffenen hingegen die Angst »von Enten beobachtet zu werden« (Anatidaephobie).

Unter den Säugetieren ist die Furcht vor Hunden bzw. Tollwut (Canophobie, Cynophobie) verständlich. Manche Menschen fürchten sich jedoch auch vor Katzen (Ailurophobie, Aelurophobie, Elurophobie, Felinophobie, Galeophobie, Gatophobie), Mäusen (Musophobie, Muriphobie, Suriphobie) sowie vor Ratten und Pferden (Equinophobie, Hippophobie). Vampire verwandeln sich in Fledermäuse (Chiroptophobie), beide Wesen der Nacht.

Weitere Phobien vor bestimmten Tieren sind bekannt, doch kehren wir nun wieder zum Thema übersteigerte Angst vor Spinnen zurück, die eigentlich *Araneophobie* heißen müsste, denn *Araneae* heißt die Ordnung der Spinnen, *Arachnida* sind die Spinnentiere, zu denen natürlich auch die Spinnen gehören.

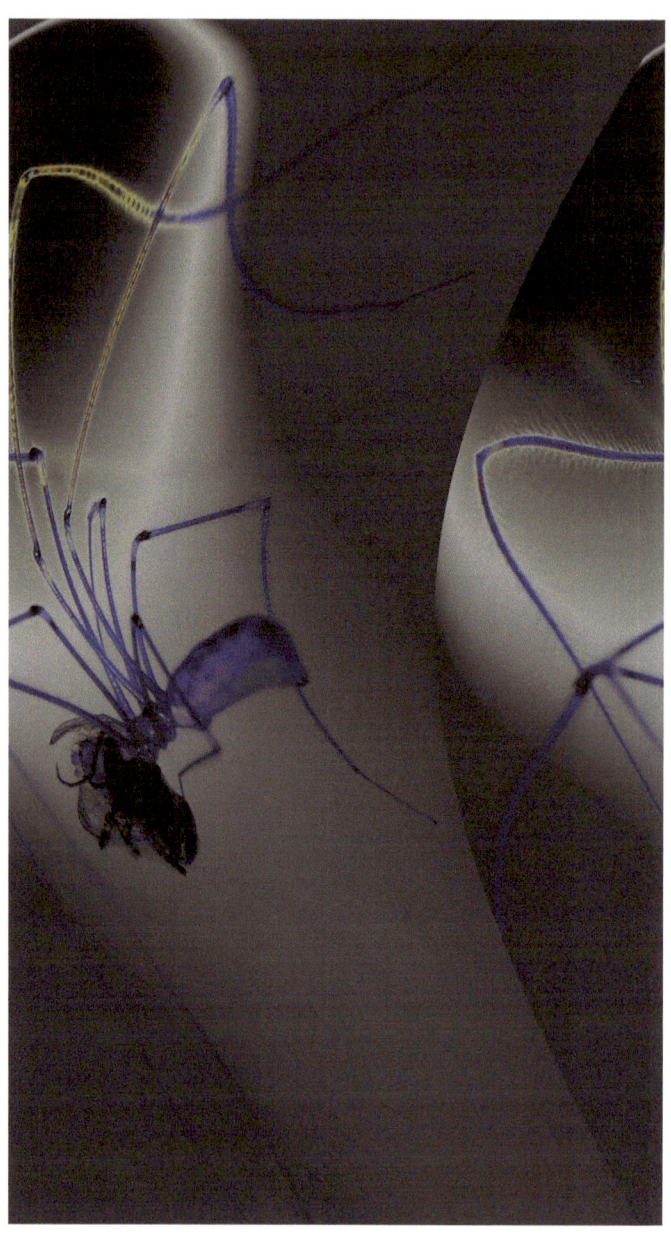

Zitterspinne mit Fliegenbeute und verlorenen Beinenden.

Arachnophobie

Eine Spinne
grün und klein
krabbelt dir ins Ohr hinein.
Und wieder raus - aus!

Rainar Nitzsche

Riesenspinnen

Gewaltig große Spinnen tauchen in Spinnenhorror-filmen auf. Sie sind so groß wie erwachsene Menschen (*Arac Attack).* Und größer als ein Haus ist schließlich die Vogelspinne im Klassiker *Tarantula* geworden.

Spinnen können in der Realität nicht so groß werden. Ihr Körperbau mit den Buchlungen als Atemorgane beim heutigen Sauerstoffgehalt der Luft setzt ihnen Grenzen. Solch gewaltige Riesenspinnen hat es nie gegeben und wird es auch niemals auf der Erde geben. Andere Welten mit geringerer Schwerkraft könnten durchaus spin-nenartige Wesen beherbergen. Irdische Riesenspinnen existieren allerdings in Zeitungen, im Film, in Büchern und natürlich auch im Internet.

Wer schon Angst vor kleinen Spinnen hat und sich nicht auskennt, der glaubt die Lügengeschichten oder Übertreibungen. Über all das können Sie natürlich nur lachen, was ja bekanntlich sehr gesund ist, jetzt, wo Sie Bescheid wissen.

Doch manche Filme sind dennoch spannend. Ich empfehle den nicht so ernst gemeinten Horrorfilm *Arac Attack*, in dem sehr viele echt aussehende, allerdings menschengroße Spinnenarten vorkommen.

Supermarkt-Spinnenhorror

In den Medien sieht, hört und liest man immer wieder von tödlich giftigen Bananenspinnen aus Südamerika, die mit Obst in unsere Supermärkte gelangen. Das kam früher durchaus öfter vor. So wurden im Hamburger Hafen auch solche Spinnenarten am Obst gefunden.

Hier führe ich nun einige Beispiele aus der heutigen Zeit an:

2011 wurde ein großer Markt im Saarland für einige Tage geschlossen, denn niemand sollte von der Spinne im Obst gebissen werden. Kammerjäger rückten an. Sie fanden keine Spinne. So konnte nicht festgestellt werden, ob es eine für uns gefährlich giftige Art war.

Im Oktober 2013 wurde in einem Supermarkt in Kornwestheim ein Azubi beim Auspacken der Bananen von einer zwischen ihnen sitzenden Spinne in die Hand gebissen. Die Wunde schwoll an, und der junge Mann wurde ins Krankenhaus gebracht, was nicht heißen muss, dass für ihn Lebensgefahr bestand. Die Spinne wurde von der in Schutzkleidung anrückenden Feuerwehr mit einer Wärmebildkamera gesucht und nicht gefunden, was bei einem wechselwarmem Tier nicht verwunderlich ist. Schädlingsbekämpfer fingen sie schließlich ein und gaben sie zur Bestimmung weiter. Versteht sich, dass in den Medien über die tödlich giftige »Bananenspinne« berichtet wurde, bevor die Spinne bestimmt worden war. Schließlich befand sie sich zwischen Bananen und biss zu. Wie sich dann herausstellte, handelte es sich nicht um eine für uns Menschen gefährliche Art der Gattung *Phoneutria*, sondern um eine »Erdwolfspinne«, also eine für uns harmlose Wolfspinnenart. Die gleichnamige heimische Art *Trochosa terricola* kommt in Südamerika allerdings nicht vor, jedoch verwandte Arten.

Mutprobe Spinne im Mund

Jugendliche

Gelegentlich wollen Heranwachsende ihren Kumpels und natürlich ihren Freundinnen imponieren, ihnen zeigen, was für Kerle sie doch sind, so nach dem Motto: »Schaut mal alle her, die große (Spinne) nehm' ich auf die Hand und die kleine in den Mund.« Dann ist der Angeber still, einen Augenblick lang, muss er ja auch, denn er hat eine Spinne im Mund, mit der es sich schlecht sprechen lässt. Und schon schreit er auf, spuckt die Spinne aus, die ihm in die Zunge gebissen hat. Und ab gehts ins Krankenhaus, denn die Zunge schwillt an und Erstickungsgefahr droht. Und das ist wirklich schon passiert und sollte keinesfalls nachgemacht werden.

Erwachsene

Ebenfalls als Mutprobe, jedoch mit Belohnung, gab es diese Aufgabe für Kandidaten bei der Sendung *Ich bin ein Star – Holt mich hier raus!* von RTL.

Am 17.01.14 bekamen sie auf einer Couch liegend eine »Wasserspinne« in den Mund gesetzt. Hierbei handelte es sich nicht um unsere europäische unter Wasser lebende Art, sondern um eine australische am Wasser lebende Fishing spider aus der Familie der Pisauridae. Wer sie 30 Sekunden im Mund behielt, bekam einen Stern. In der 2. Prüfung musste der Mund geschlossen sein, die Spinne also komplett in den Mund genommen werden. 20 Sekunden genügten.

Am 24.01.14 gab es wieder Spinnenhorror: Aufgabe der Spiderwoman Larissa, die im Spinnenkostüm am Hebekran hing, war es, in Kooperation mit Kranführer Mola Punkte mit einem Ring am Radspinnennetz zu erzielen. Das Netz war künstlich, horizontal auf der Erde ausgespannt und bestand aus Stricken und Kupferdrähten mit Sternchen am Ende. Beim Anstoßen bekam nicht sie, sondern er einen Stromschlag sowie von Zeit zu Zeit Melasse und Mehlwürmer plus Schaben übergeschüttet. Nach diversen Stromschlägen hatte Spiderman die Schnauze voll und gab auf. Also gab es keine Punkte und somit kein Essen für die Gruppe. Übrigens trug die Spinnenfrau ein schwarzes Spinnenkostüm mit schwarzer Mütze, sechs Stoffbeinen plus zwei pelzigen Menschenarmen. Denn wie jeder weiß, haben Spinnen acht Beine. Vergessen wurden am Anzug die beiden Pedipalpen. Da hätten die Menschenarme hineingehört, weil Spinnen diese wie Hände gebrauchen.

Auch auf youtube findet man Spinne-im-Mund-Szenen. Meist sind es jedoch Scherze mit Gummispinnen.

Spinnenphobiker

Viele Menschen haben *panische* Angst vor Spinnen, und nicht nur vor den großen, sondern auch vor den kleinsten, sofern sie nicht zu winzig sind, um von ihnen wahrgenommen zu werden. Sie leiden an einer *Spinnenphobie* oder *Arachnophobie*, sind *arachnophob*.

In diesem Zusammenhang muss erwähnt werden, dass es vorkommt, dass ein Arachnophobiker, der nach einer Verhaltenstherapie oder Konfrontationstherapie von der Angst vor einer großen friedlichen Vogelspinne befreit als geheilt entlassen wird, zuhause jedoch wieder panisch bei den kleineren Hauswinkel- und Zitterspinnen und den Spinnengästen aus dem Garten reagiert.

Zudem frage ich mich, ob die munteren tagaktiven Springspinnen mit ihren kurzen Beinen und großen Augen als Spinnen erkannt werden und dann auch phobische Reaktionen auslösen.

Spinnen müssen nicht die einzigen Lebewesen sein, die bei Starre und Panikreaktionen auslösen. Es kommt durchaus vor, dass der eine oder andere Arachnophobiker sich auch vor Insekten und Schlangen fürchtet.

Angstauslöser

Weshalb haben viele Menschen ausgerechnet Angst vor den zumindest bei uns harmlosen Spinnen?

Die Antworten lauten:

Spinnen sind den meisten Menschen fremd, unbekannt und wie man hört sind sie giftig und beißen.

Es ist ihre Unberechenbarkeit. Sie tauchen plötzlich wie aus dem Nichts auf, denn sie geben keinen Laut von sich und sind in dunklen Ecken unserer Wohnung kaum zu entdecken, denn wir Menschen orientieren uns in erster Linie mit den Augen. Und weil sie meist im Verhältnis zu uns so klein sind, nehmen wir sie erst in der Nähe wahr. Auch ihre Fortbewegung weicht von dem ab, was wir kennen, denn ihr Laufen wird von Pausen unterbrochen, die der Orientierung dienen. Auch vermag eine Spinne plötzlich die Richtung zu wechseln, womit man nicht rechnet.

Zudem lassen sich Spinnen am Faden von der Decke herab. Geschieht eine erste Begegnung auf diese Weise in der Kindheit, ist der Schock da und ein Trauma entstanden, eine Verletzung der Seele, eine starke seelische Erschütterung, die unterbewusst lange wirksam ist, wie uns der Duden erklärt.

Doch nicht alle Spinnenarten seilen sich von der Decke ab. Netzspinnen sitzen meist in ihren Netzen oder in ihrer Warte - nicht in der Wohnung, allerdings auch in Fensternischen außen (Sektorenspinne *Zygiella x-notata*). Zitterspinnen hängen mit dem Bauch nach oben in ihren Gespinsten, die Männchen allerdings laufen in unseren Wohnungen auf Weibchensuche an der Decke entlang, was die Fäden beweisen, die Hausfrauen (und Hausmännern?) gar nicht gefallen, schließlich lassen sie die Wohnung verwahrlost und ungeputzt aussehen. Sie seilen sich auch ab. Hauswinkelspinnen leben in Bodennähe in ihren Trichternetzen.

Ach ja, dicht behaart sind diese ekligen Spinnen auch noch (doch nicht alle: Zitterspinnen z. B. nicht), wobei ich nicht verstehe, warum jemand vor einem Haarpelz Angst haben sollte. Katzen und Hunde haben auch einen, doch sie sind unsere Freunde und gleichen uns Menschen, was die für uns relativ kleinen Spinnen als Gliederfüßer (Arthropoden) mit Außenskelett nun einmal nicht tun. Und erst ihre langen Beine! Mmh, warum sind die denn so schrecklich?, fragt sich kopfschüttelnd der Arachnologe.

Ursachen der Spinnenangst

Konkret

1. Eine unerwartete **Begegnung**, wenn z. B. einem Kind plötzlich im Wald eine Spinne auf die Schulter fällt oder sich im Zimmer beim Lesen / bei der Handybenutzung im Bett abends von der Decke abseilt.

2. Ein **Lerneffekt**, wenn Eltern oder ältere Geschwister beim Anblick einer Spinne ihren Ekel aussprechen, davor warnen oder panisch reagieren und schreien.

3. **Bücher und Filme** mit Spinnenmonstern tragen sicherlich zur Verstärkung der Spinnenangst bei. Man denke nur an die Riesenspinnen im *Herrn der Ringe* und bei *Harry Potter,* wo Ron ein Spinnenangsthase ist.

Ist ein Mensch seit Kindheit oder Jugend erst einmal arachnophob, dann hat er auch noch als Erwachsener Angst, die sich immer weiter steigern kann, wenn er nichts dagegen unternimmt.

Tiefverwurzelte Angst vor Kontrollverlust

Die tiefere Ursache für das Problem Spinne ist jedoch die Angst vor Kontrollverlust, die Überwindung des Fehlens der Privatsphäre in der Kindheit, wie wir bei Andreas Winter lesen können.

Diese tiefverwurzelte Angst wird auf ein Objekt übertragen, z. B. die Spinne. Wir fühlen uns von Spinnen beobachtet, entdecken sie oft erst in der Wohnung, wenn sie schon längere Zeit dagewesen sind.

Hinzu kommt die Erziehung. Unser Eltern haben uns vor abscheulichen Spinnen gewarnt, die nun plötzlich unerwartet bei uns zuhause, also in unserer unmittelbaren Umgebung, in unserer Wohnung, wo wir uns sicher fühlen, auftauchen. Und das geschieht dann auch noch nachts im Schlafzimmer, wo wir doch Tagwesen sind und schon deshalb die Dunkelheit fürchten.

Spinnenangst bei Frauen und Männern

Angst

Die Hälfte aller Frauen und 10 Prozent aller Männer haben *in gewissen Graden Angst* vor Spinnen, heißt es. Doch da frage ich mich, wer wurde wie befragt oder untersucht, nur in unserem westlichen Kulturkreis oder auch andernorts? Und »gewisse Grade« heißt ja nun einmal nicht *Phobie*. Echte Phobiker dürften also in der Bevölkerung viel seltener sein. Ob auch das angegebene Verhältnis von 5:1 Frauen : Männern stimmt?

Phobie

Was die Arachnophobie betrifft, so wird auch eine andere Zahl genannt. Sie lautet: In Deutschland leiden Schätzungen zufolge fünf Prozent der Bevölkerung an einer Arachnophobie, also rund vier Millionen Menschen. Ob es wirklich so viele sind, die panische Angst vor den Achtbeinern haben?

Wie auch immer, die heute weit verbreitete Ansicht ist, dass besonders Mädchen und Frauen ängstlich sind, während Jungen und Männer kein Problem damit haben, auf die Schreckensrufe ihrer Frauen »Tu die Spinne weg!« zur Tat zu schreiten und die Spinne zu zertreten, sie zu erschlagen oder aber als Tierfreund einzufangen und aus dem Zimmer nach draußen zu bringen.

Auf meine erste Frage beim Spinnenunterricht in Grundschulen hin: »Wer hat Angst vor Spinnen?«, meldeten sich stets nicht nur Mädchen, sondern auch einige Jungs, die sich mehr oder weniger weit an eine lebende Vogelspinne heranwagten und Vogelspinnenhäute zu berühren trauten. Wer wollte, konnte sich eine oder mehrere dieser *Exuvien* mitnehmen. Einige Jungs taten es und erschreckten damit ihre Klassenkameradinnen: Sie ließen sie ihnen in den Nacken fallen.

Erfreulicherweise ist es im Unterschied zu den meisten Thrillern und Horrorfilmen bei *Arachnophobia* nicht

die Frau, sondern ihr Ehemann, ein Arzt, der seine Spinnenangst überwinden muss und in den Keller geht.*

Angst- und Ekeltierranking

Platz 1

In Sachen Angst- und Ekelfaktor ist die Spinne die
ungeschlagene Siegerin, fanden jüngst tschechische
Forscher heraus. Sie listeten 24 angsteinflößende und
Ekel erregende Tiere und als 25. Tier zur Kontrolle den
Roten Panda auf. 2000 Personen mussten dann auf einer
Skala von 1 bis 5 ankreuzen, wie groß ihre Angst und ihr
Ekel ist. Die Spinne erreichte den höchsten Angst-und
Ekelfaktor. Wie zu erwarten, ängstigten sich die Pro-
banden jedoch auch sehr vor Kakerlaken, Schlangen,
Läusen und Bandwürmern, doch überraschenderweise
auch vor Stieren. Als eklig wurden vor allem Parasiten
und Insekten empfunden.

Auch in Umfragen schneiden Spinnen nicht gut ab
und gehören unbestreitbar zu den Ekeltieren.

Platz 2

Franz Renner bringt in seinem 1990 erstmals er-
schienen Buch *Spinnen ungeheuer - sympathisch* die
Resultate einer Umfrage unter Kindern in Großbritanni-
en. Da steht die Spinne auf Platz 2 nach der Schlange.
Und während der Pubertät steigt die Abneigung gegen
Spinnen bei den Mädchen / jungen Frauen (s. Tabelle).

Platz 3

Und wie sieht es bei uns Deutschen aus?

Auch nicht viel anders, was Spinnen betrifft. Nach einer Umfrage der Zeitschrift *Vital* im Jahr 1992 bekamen
Spinnen nach Ratten und Kakerlaken (Küchenschaben)
allerdings nur die Bronzemedaille unter den Ekeltieren
(s. Ekeltierliste).

*: Spinnen in Filmen werden ausführlich in einem Kapitel von
Spinnen-Spiegelungen in Menschen-Augen sowie aktueller und
aufs Thema beschränkt im Buch *Spinnenfilme* behandelt.

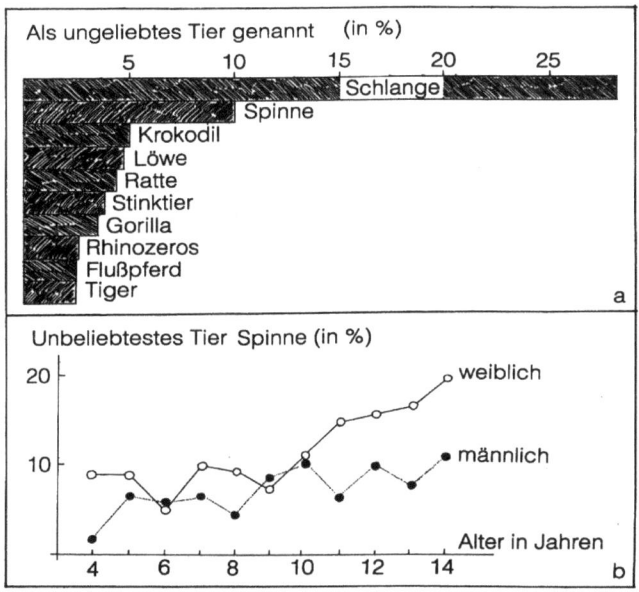

Die Spinne als Ekeltier a: Ergebnis einer Umfrage: »Welches Tier magst Du am wenigsten?« b: Unterschiedliche Entwicklung der Abneigung vor Spinnen bei Jungen und Mädchen während der Pubertät.

Ekelhitliste der Deutschen

1	Ratten	40,1%
2	Küchenschaben	33,2%
3	Spinnen	32,3%
4	Schlangen	24,7%
5	Quallen	21,4%
6	Schmeißfliegen	19,7%
7	Mäuse	18,8%
8	Würmer	18,1%
9	Silberfische	14,8%
10	Ohrenkneifer	3,1%

In einer Sendung der Reihe »Verstehen Sie Spaß?« wurde das Publikum über die Spinnenangst so informiert: 5% aller Menschen geben Sie bei Umfragen zu.

Die anderen 95% lügen. Nun ja, das kann so nicht stimmen, denn sonst gäbe es ja keine Spinnenfans und somit auch nicht dieses Buch.

Hier noch eine Anekdote: 1996 bemerkte der Moderator im SWR überleitend zum nächsten Film – zuvor hatte er einen Beitrag über einen Herrn »Nitsch aus Kaiserslautern« präsentiert (gemeint war ein gewisser Rainar Nitzsche mit seiner Spinnerei *Ruf der Mondin*): »Spinnen! Also ich weiß nicht, wie es Ihnen ergeht. Aber ich kann diese Tiere nicht ausstehen und bin froh, dass unsere folgende Geschichte ohne dieses Getier auskommt [...]« (*Phantastische Welten in der Pfalz*).

Arachnophobie - Urangst und Erbe

Urangst in Bezug auf Spinnen würde bedeuten, dass seit Menschheitsbeginn tief verwurzelt in uns allen die Angst vor diesen Achtbeinern steckt. Denn sie können uns gefährlich werden. Somit ist eine erhöhte Vorsicht geboten, mit ihnen in Kontakt zu treten. Denn sie sind giftig und beißen uns. Veranlagung und Empfänglichkeit sind da, eine Disposition liegt vor.

Damals in Afrika und danach auf den Wanderungen unserer Vorfahren in die anderen Kontinente war die Arachnophobie somit immer latent vorhanden. Heute noch bei Naturvölkern, die Kontakt mit für uns giftigen, gefährlichen Spinnen haben, ist die Phobie geringer als bei uns Europäern ausgeprägt, weil Begegnungen öfter stattfinden, real sind und erlernt wurde, sich durch entsprechendes Verhalten vor ihnen zu schützen - auch beim Ausgraben von großen Vogelspinnen, die anschließend verzehrt oder auf dem Markt verkauft werden.

Wir jedoch, die wir fern von akuten Bedrohungen leben, denn unsere heimischen Spinnen sind für uns ungefährlich und klein, finden keine Entsprechung für unsere unbewusste Angst und können daher die Gefahren, die von ihnen ausgeht, nicht realistisch einschätzen. Und so reagieren wir mit übersteigerten Ängsten, Panikattacken, Starre und Flucht vor diesen an sich harmlosen Tieren. Das trifft natürlich auch für die übersteigerte Angst vor Schlangen und bestimmten Insekten zu.

Das klingt einleuchtend, allerdings stellt sich die Frage, warum es nur einige von uns Menschen hierzulande sind, bei denen eine Arachnophobie auftritt. Besitzen alle anderen mutierte Gene, die solche Phobien ausschließen? Oder ist es die Erziehung, also ein Lernprozess, der dazu führt, dass die grundsätzlich bei uns allen vorhandene, früher sinnvolle, heute jedoch grundlose Angst vor Spinnen und anderen gefährlichen Tieren nicht erfahren wird? Oder aber es gibt gar keine Urangst vor Spinnen.

Das Aussterben der Mutigen

Extremer stellte es kürzlich ein Professor von der Universität Göttingen bei *Spiegel TV* dar. Nach seiner Auffassung wären unsere nichtängstlichen Vorfahren von giftigen Spinnen und Schlangen gebissen worden und deshalb ausgestorben, die ängstlichen hätten sich fortgepflanzt, ihre Nachfahren sind wir.

Dagegen ist einzuwenden: Tödliche Schlangenbegegnungen in unserer Urheimat Afrika kommen vor. Doch tödliche Giftspinnen gibt es dort nicht und gab es nach derzeitigem Wissenstand auch nicht. Zudem kommen Bisse durch Spinnen so selten vor, dass dadurch wohl kaum mutige Menschenfamilien und Sippen ausgestorben sind. Sehr lustig klingt das für einen Zoologen, speziell für einen Arachnologen, einen Spinnenforscher.

Arachnophobie - genetisch bedingt?

Bei Mäusen wurde an der Universität München jetzt herausgefunden, dass ihre Angst zu 50% genetisch bedingt ist. Nach Entfernung eines Gens läuft die Maus zur Katze hin statt weg.

Falls bei Menschen auch Gene eine Rolle bei Ängsten spielen, würde das bedeuten, dass manche von uns schon von Geburt an ängstlicher als andere sind.

Doch sind Geschwister wirklich genetisch so verschieden, dass der eine keine Angst vor Spinnen hat, sie vielleicht sogar liebt, der Bruder / die Schwester jedoch phobisch reagiert?

Bei eineiigen Zwillingen sollte der genetische Anteil der Angst identisch sein. Wie ist es dann mit der Arachnohobie bei ihnen bestellt, falls einer von ihnen ein unerfreundliches Erlebnis mit Spinnen hat, der andere nicht? Haben danach beide die gleiche Angst, weil sie sich auf den anderen überträgt bzw. direkt kommuniziert wird? Interessante Fragen, die näher untersucht werden müssten.

Wie auch immer, unterschiedliches Verhalten resultiert bei uns Menschen auf jeden Fall zum größten Teil aus Lernen, zu 50% genetisch bedingt wie bei Mäusen ist die Arachnophobie wohl kaum.

Ekel und Angst - erlernt

Viele Menschen, nicht nur Kinder und Jugendliche, sondern auch Erwachsene, empfinden Ekel vor Spinnen und haben Angst vor ihnen. Einer dieser Spinnenangsthasen ist übrigens der vielen von uns bekannte Schriftsteller Stephen King, wie er selbst zugibt.

Die Angst kann unterschiedlich stark ausgeprägt sein, wobei sie oft vor kleinen Spinnen mit dünnen Beinen und dem schnellen Krabbeln größer ist als vor den großen. Die übersteigerte, krankhafte Form der Spinnenangst wird *Arachnophobie* genannt, wie wir schon hörten. Menschen, die sie haben, sind *arachnophob*.

Ganz kleine Kinder haben noch keine Angst vor Spinnen. Sie ist also nicht angeboren. Wir erlernen sie mit dem Älterwerden, zunächst von Eltern und Geschwistern, dann von anderen Kindern im Kindergarten und in der Schule. Also ist die Angst vor Spinnen anerzogen.

Handelt es sich nun bei den Eltern oder einem Elternteil, Mutter, Vater oder bei der Großmutter, dem Großvater um Spinnenphobiker, so *lernt* das Kleinkind die übersteigerten *Panikattacken* als richtige, völlig angemessene Reaktionen bei einer Spinnenbegegnung und zeigt sie auch. Diese *Prägung* kann sehr früh erfolgen, wenn etwa die Mutter eine Spinne im Kinderwagen entdeckt und völlig durchdreht.

Auch eine unerwartete *Konfrontation* in der Kindheit kann zu einer bleibenden Arachnophobie führen, so z. B. die Begegnung mit einer sich abseilenden Zitterspinne als Kind beim Bücherlesen erstmals im eigenen Zimmer abends im Bett, wie mir eine Biologiestudentin erzählte, die auch eine tote in Alkohol eingelegte Spinne in einem Bestimmungskurs nicht aus dem Glas herausholen konnte.

Eine erlernte Spinnenphobie schließt allerdings nicht aus, dass es vererbt eine Urangst vor Neuem, also auch vor unbekannten Lebewesen gibt, jedoch wohl kaum speziell vor Spinnen. Liegt hier also doch eine unterschiedliche genetische Prädisposition vor? (s. o.)

Zusammenfassend lässt sich sagen: Wir lernen nicht nur in der Kindheit, sondern auch später noch durch unser Umfeld: das Verhalten von Angehörigen und Bekannten und ihre Warnungen sowie durch Gespräche, Lesen, Fernsehen und Internet, dass Spinnen giftig für uns Menschen sind und wir uns daher auch vor diesen und nicht nur vor weit gefährlicheren Tieren wie Giftschlangen hüten müssen.

Vermeidungsverhalten

Wer übersteigerte Angst vor Spinnen hat, arachophob ist, der schreit nicht nur um Hilfe, damit der Ehepartner das Angstobjekt entfernt, er nimmt im Extremfall das Wort »Spinne« gar nicht mehr in den Mund. Je nach Ausprägung der Arachnophobie kommt es zu nachfolgendem Verhalten:

Zwanghaft kontrolliert er seine nähere Umgebung, also die ganze Wohnung oder das Haus, auf Spinnen und reinigt die Räume so oft wie möglich mit dem Staubsauger und Besen etc.

Er vermeidet zudem alle Räume und Situationen, wo eine Begegnung mit einer Spinne wahrscheinlich ist, weicht also der Konfrontation aus. Er geht nicht mehr in den Keller, auch nicht mehr ins Freie - auf den Rasen hinter dem Haus, in den Garten, zu den Mülltonnen.

Auch besucht er schließlich keine Freunde mehr, kapselt sich so allmählich immer mehr ab.

Kurzum, er kann sich nicht mehr frei bewegen und das Haus verlassen, denn es könnten ja überall Spinnen lauern. Auch ein Besuch bei Verwandten und Bekannten kommt nicht mehr in Frage, denn sie haben wohl kaum ihre Wohnung spinnenfrei gemacht. Auf Veranstaltungen zu gehen, ist auch nicht mehr möglich, denn ...

So kommt es allmählich zu einer immer größer werdenden sozialen Ausgrenzung. Und die Beziehung zum Ehepartner wird so auch nicht gerade besser, denn dieser will oder muss schon aus beruflichen Gründen am gesellschaftlichen Leben teilnehmen.

Grüne Gegenstände meiden!

Lustige Dinge gab es jüngst lesen, jedenfalls für den, der sich mit Spinnen auskennt, und für alle, die ein wenig logisch denken können.

Denn was können wir in der *Apotheken Umschau* vom 15.5.19 im Kapitel *Kunterbunt* lesen? Da steht doch allen Ernstes, dass derjenige, der Angst vor Spinnen hat, zu Hause grüne Gegenstände und Wände meiden soll. Und warum wohl? Natürlich, weil dort die Spinnen sitzen, da sie diese Farbe lieben.

Da fragt sich der Arachnologe doch: *Die* Spinnen sehen ja nicht grün, nachgewiesen ist es für Wolfspinnen, und die gibt es ja gerade nicht in unseren Wohnungen, sie könnten natürlich durch die offenstehende Tür zur

Terrasse hin reingelaufen sein. Doch sie sind nun einmal nicht grün gefärbt, also für unsere Augen und sicherlich für die von Vögeln kein bißchen getarnt und können zudem gar nicht an Wänden hochlaufen, um dort etwa auf der Tapete auf Menschen zu lauern.

Vermutlich geht die oben genannte Warnung auf Artikel zurück wie »Spiders have a favourite colour - so you might want to avoid waring it« oder dem am 3. August 2018 in *ilf science* mit der Überschrift *Avoid Wearing This Color If You Hate Spiders* erschienenen, wo es darum geht, keine grüne Kleidung zu tragen.

Was die wissenschaftlichen Erkenntnisse betrifft, so ist dazu zu sagen: Amerikanische Spinnenforscher um Prof. Georg Uetz fanden heraus, dass die von ihnen untersuchten Wolfspinnen zwar farbenblind sind, jedoch auf Grün reagieren. Sie präsentierten ihre Ergebnisse im Juni 2018. Nur von Springspinnen ist übrigens ein Farbensehen bekannt, das bei der Balz der Männchen von Bedeutung ist. Wolfspinnen können zudem ultraviolett wahrnehmen, haben somit ein dichromatisches Sehen im Unterschied zu uns Menschen, die wir trichromatisch sehen: rot, grün und blaues Licht (wir denken sofort an den RGB-Farbmodus beim Speichern von Farbabbildungen im Fotoprogramm des PC). Weibliche Wolfspinnen reagieren am besten auf balzende Männchen bei hohem Kontrast zum Hintergrund. Bei Männchen spielt die Farbe eine wesentliche Rolle. Und das macht Sinn, denn im Frühjahr und Sommer, wenn die Balz stattfindet, ist der Hintergrund durch die Blätter der Pflanzen grün. Da ist es von Vorteil, wenn man / Mann grün sehen kann und alles andere davor - die Spinnen sind braun bis schwarz - besonders Weibchen, aber auch balzende Konkurrenten, von denen übrigens unerfahrene Männchen lernen können, sich grau vor dem Hintergrund abheben.

Überwindung der Spinnenangst

Spätestens wenn die Phobie immer schlimmer wird, d. h. den Betroffenden immer mehr einschränkt, wächst die Bereitschaft, etwas dagegen zu tun. Auch Angehörige und Freunde, sofern noch nicht vergrault, schaffen es vielleicht, den Phobiker zu einer Therapie zu überreden.

Ihren eigenen Fall schildert übrigens in allen Einzelheiten Charlotte Tann-Hochberg in ihrem Buch: *Wie ich meine schreckliche Angst vor Spinnen verlor* (s. Spinnenangst-Überwindungs-Bücher). Sie schaffte es, ihre Arachnophobie mittels EFT (s. u.) zu überwinden.

Bei allen Therapien von Phobien, nicht nur bei der Angst vor Spinnen, auch vor Schlangen, Hunden etc., steht die Begegnung mit dem Angstobjekt im Vordergrund.

Es gibt verschiedene Ansätze, durch die eine Arachnophobie mehr oder weniger umfassend geheilt werden kann. Am häufigsten wird eine Form der *Psychotherapie* angewandt: die *Verhaltenstherapie*.

Hierbei kann eine unmittelbare, direkte Begegnung mit dem Angstobjekt erfolgen. Der Arachnophobiker wird ohne jede Zwischenstufe unmittelbar mit einer Spinne konfrontiert. Hierbei kommt es zu einer Reizüberflutung (*Flooding*). Diese Therapie ist am wirksamsten, wird jedoch selten angewendet, weil wohl die meisten Phobiker zu große Angst vor der Spinne haben und einige wohl auch um ihre Gesundheit, z. B. vor einem Herzinfarkt bzw. davor, die direkte Konfrontation nicht zu überleben.

Meistens wird somit eine schrittweise Annäherung an die Phobie auslösende Spinne durchgeführt, eine *systematische Desensibilisierung*. Der Phobiker wird zunehmend unempfindlicher gegenüber dem Angstauslöser. Wir kennen den Begriff *Desensibilisation* aus der Medizin, wo durch stufenweise gesteigerte Zufuhr des Allergens (z. B. Pollen) die allergische Reaktion reduziert wird. Schritte bei der Arachnophobie sind: Das einleitende Gespräch mit Abfrage des Angstgrades vor Spinnen, aber auch vor verwandten und anderen phobieauslösenden Tieren, z. B. Insekten, insbesondere Wanzen, Mücken oder aber Würmern und Schlangen. Dann erfolgt die allmähliche Annäherung, z. B. das Betrachten von Bildern, das Berühren von Exuvien (Spinnenhäuten) bis schließlich zur Konfrontation mit der Spinne in der Ferne, die immer näher heranrückt, bis sie auf die Hand genommen werden kann.

Der Angstabbau kann auch mithilfe von virtuellen Spinnen (Virtual Reality), sogar lediglich durch die Betrachtung einer kurzen Szene aus einem Spider-Man-Film erreicht werden. Auch der Einsatz von Hypnose führt zum Erfolg. Umstritten ist EFT. Als Medikamente kommen Betablocker in Frage.

All diese Therapien werden im folgenden im Detail vorgestellt. Zunächst aber bespreche ich hier Fernsehsendungen aus den letzten 25 Jahren, die von der Therapie der Arachnophobie handeln.

Therapie im TV

1994

Kurzseminar - Gemischte Gefühle: Horror (SWF 3, 1994) von Gerd Kunstmann.

Zunächst kommen die Schocker fürs Publikum: Ratte, Schlange, Skorpion und Vogelspinne. »Es ist die Stunde des Grauens«.

Dann folgt der Auftritt des modernen Schamanen Gerd Kunstmann. Er veranstaltet Antiangstseminare, »treibt den Spinnenhorror aus.«

Der Moderator verkündet, dass viele Menschen, insbesondere Frauen wahnsinnige Angst vor Spinnen haben, die sich bis hin zur Phobie steigern kann.

Die Spinnenphobikerin Silke im Studio erzählt, dass sie wie gelähmt ist, wenn sie eine Spinne sieht, ihr Herz rast und sie schreit um Hilfe. Kommt sie etwa nach Hause, schaltet sie sofort das Licht an. Und sieht sie eine Spinne in ihrem Zimmer unter dem Bett verschwinden, so kann sie es erst wieder betreten, wenn ihre Mutter ihr die eingefangene Spinne (ein Bein, das aus dem Taschentuch ragt) zeigt.

Eine Aufzeichnung vom Vortag wird abgespielt: Kunststoffvogel- und –hausspinne werden hin- und hergeschnippt, dann berührt Silke mit der Hand die Exuvie (die abgestreifte Haut) einer Vogelspinne.

Jetzt geht es live im Studio weiter: Sie nimmt alle nacheinander auf die Hand: die Kunststoffspinne, die Exuvie der Vogelspinne und schließlich »Spinnie, die rotbeinige Vogelspinne aus Mexiko.«

Frage des Moderators an die Phobikerin, wie es sich anfühlt.

Antwort: »Es ist unwahrscheinlich weich, wärmer als meine Hände, faszinierend ... Ich habs geschafft!!!«

Kunstmann: »Es bleibt so.«

2000

In einer Sendung auf Kabel 1 (*Reihe Abenteuer Leben* am 30.9.00) hält der Moderator im Studio eine Vogelspinne auf dem Arm, die eifrig herumklettert - ihr ist wohl das Scheinwerferlicht zu hell, auch dürfte ihr zu warm geworden sein. Er meint: Heimische Spinnen sind ja nicht giftig im Gegensatz zu tropischen Spinnen wie dieser giftigen Vogelspinne hier.

Die Sprecherin berichtet von der Heimtücke der Spinnen, denen das Insekt im Netz hilflos ausgeliefert ist, und davon, dass im Herbst die Spinnen ins Haus kommen. Sie spricht von »Araxnophobie« statt von »Arachnophobie«, wie es auch in der Ankündigung des Beitrages richtig erwähnt wird.

Dann sieht man die Hausspinne im Waschbecken, die nach Runterspülen später wieder auftaucht. Was stört die arachnophobische Frau, die als Kind auch Angst vor Käfern hatte - jetzt aber nicht mehr - an den Spinnen?

Spinnen sind unberechenbar, tauchen plötzlich auf, sie kann nicht einschätzen, wo sie sind, lassen sich an Faden runter, sind brutal: saugen Opfer aus. Die hat sich bestimmt im Schlafzimmer versteckt und seilt sich heute Nacht dann über meinem Kopf ab. Sie schlug die Bettdecke auf, drunter saß eine große Spinne.

Das Therapieziel lautet: Sie muss es schaffen, sich zu beruhigen und selbst die Spinne zu entfernen.

Sie bekommt vom Verhaltenstherapeuten einen Pulsmesser um das Handgelenk. Der Puls geht wie zu erwarten beim Betrachten eines Fotos mit einer Frau, die eine Spinne auf der Hand hält, hoch.

Immerhin schafft sie es nach einiger Zeit, eine Spinne mit einem Glas in der Badewanne einzufangen und muss nicht mehr nach ihrem Mann um Hilfe schreien.

Dann wird noch eine Urangst vor Spinnen aus der tropischen Heimat des Menschen erwähnt, die es auch bei Affen geben soll, wo Spinnen und Schlangen gefährlich sind. Angst dient dem Schutz und Überleben.

Gezeigt wird ein Kind bei der Mutter. Eine Spinne läuft über den Fuß. Das Kind hebt sein Bein hoch. Dies dient als Beispiel für eine frühe angstfreie Erziehung.

2011

In der 2011 in Deutschland ausgestrahlten Fernsehsendung *NaturNah: Im Netz der Spinne - Achtbeiner erobern die Großstadt* musste die Reporterin anhand einer lebenden Vogelspinne ihre Angst überwinden. Sie schaffte es. Die Vogelspinne saß schließlich auf ihrer Hand und – tat ihr nichts. Und doch hatte sie noch immer Angst, dass ihr die Spinne den Arm hochklettert.

2016

Ein Beispiel für die stufenweise Behandlung brachte die Sendung *Welt der Wunder* am 25.5.16. In wöchentlichem Abstand wurde eine seit ihrer Kindheit von Spinnenangst befallene Frau vom Therapeuten immer näher an die Spinnen herangebracht und geheilt. Sie hatte ihn aufgesucht, um sich ihren Herzenswunsch - eine Reise nach Brasilien - zu erfüllen.

Bei der ersten Sitzung wurde nur geredet: Es ging um die Klärung ihrer Ängste und die körperlichen (ein Kloß im Hals, Lähmung) und psychischen Symptome bei der Konfrontation. Sie zeichnete sie auch auf. Man erfuhr, dass sie sich schon in der Kindheit nur mit größter Überwindung und viel Licht in den Keller getraut hatte.

Eine Woche später ging es um das Betrachten von Spinnenfotos an der Wand mit vorsichtiger Annäherung. Zugleich erhielt sie Informationen über die kunstvoll gesponnenen Netze und die Nützlichkeit der Spinnen durch die Erbeutung von Insekten. Als nächstes musste sie eine Kunststoffspinne auf die Hand nehmen.

In der folgenden Sitzung wurde sie mit einer lebenden Zitterspinne (fälschlicherweise als Weberknecht bezeichnet) konfrontiert, und es ging in den Keller, wo Gespinste an der Decke hingen.

Eine Woche später musste sie sich vier Vogelspinnen in ihren Terrarien aus der Ferne anschauen und eine Spinnenhaut (Exuvie) auf die Hand nehmen.

Sechs Wochen später war sie in der Lage, eine Zitterspinne zuhause mit einem Glas einzufangen und außen auf das Fensterbrett zu befördern. Dann löste sie ihr Urlaubsticket.

In Deutschland sollen 8,5% der Bevölkerung so große Angst haben, dass eine Therapie nötig ist, um sie wieder zu verlieren.

Direkte Konfrontation - Flooding

Lebende Vogelspinne

Die einfachste und kürzeste Therapie ist die direkte Konfrontation mit dem Angstauslöser, seien es enge Räume, Hunde, Schlange oder Spinnen.

Diese Konfrontationstherapie (*Exposure therapy*) ist eine von einem Psychotherapeuten durchgeführte Verhaltenstherapie. Wie wir schon hörten, kommt es dabei zu einer Reizüberflutung (*Flooding*).

Die Erfolgsquote dieser Therapie ist hoch.

Bei der Arachnophobie werden hierbei meist friedliche Vogelspinnen verwendet.

Schritt für Schritt

Bewährt hat sich eine Methode der *Psychothera-pie* (Seelentherapie, Behandlung psychischer Erkrankungen), die auf unterschiedliche Weise in mehreren Schritten auf den Patienten abgestimmt erfolgt.

Die Behandlung erfolgt durch auf dieses Gebiet spezialisierte Psychologen und Ärzte. Da hierbei der Phobiker lernt, sich immer mehr seinem Angstobjekt zu nähern, sein Verhalten gegenüber einer Spinne zu ändern, können wir von einer *Verhaltenstherapie* sprechen. Dabei wird er nicht mit den Ursachen seiner Phobie konfrontiert. Stattdessen lernt er bei der Konfrontation mit dem Angstauslöser Spinne seine Angst immer mehr in den Griff zu bekommen, sie zu reduzieren und im besten Fall dauerhaft zu überwinden (Details im Kapitel *Hypnose,* s. u.).

Spinnenbilder unterbewusst

Ein besserer Umgang mit der Angst wird durch eine Behandlung erreicht, bei der der Arachnophobiker gar nicht merkt, dass ihm Spinnenbilder gezeigt werden, da dies jeweils nur einige Millisekunden lang geschieht. Er nimmt die Spinnen jedoch unterbewusst wahr. Dies ist der erste Schritt vor der bewussten Konfrontation mit Spinnenfilmen, Kunstspinnen und echten Spinnen.

Spider-Man-Film

Filme mit Superhelden sollen sich auch zur Behandlung von Ängsten eignen, wie eine aktuelle israelische Studie der beiden Psychologen Prof. Menachem Ben-Ezra und Dr. Yaakov Hoffman, beide Fans von Marvels Superheldenfilmen, zeigte. Schon das Betrachten einer sieben Sekunden langen Eingangsequenz aus dem Film *Spider-Man 2* linderte die Symptome von Spinnenphobikern (424 Personen wurden getestet) um 20% gegenüber dem Ausmaß zuvor. Das funktionierte auch für Ameisenphobiker beim Betrachten von *Antman.*

Auch bei dieser speziellen Art der Konfrontationstherapie wird der Proband dem angstauslösenden Reiz
ausgesetzt, um die irrationale Angst zu bekämpfen, in
diesem Fall die spezifische Angst vor Spinnen (Arachnophobie) bzw. Ameisen (Myrmecophobie).

Eine vergnügliche, zudem leicht verfügbare Konfrontation mit Filmspinnen ist also erfolgreich und nicht
so abschreckend wie die Konfrontation mit lebenden
Spinnen, die zur Behandlung sehr ängstlicher Phobiker
ungeeignet, daher oft nicht angewendet werden kann.
Allerdings sind 20% nun einmal nicht 100% Heilung,
also kann diese spezielle Konfrontationstherapie nur ein
Einstieg in die Behandlung sein.

Virtual Reality

Bei dieser Behandlungsform sind ein am Kopf be-
festigtes Display (HMD), ein internes Verfolgungssys-
tem sowie Kopfhörer und Mikrofon zur Kommunikation
nötig. Der Phobiker taucht mit diesem Headset in eine
künstliche Welt ein und wird dabei auf verschiedenen
Levels mit Spinnen konfrontiert. Ziel des Programms ist
es, die Arachnophobie zu reduzieren.

Schritt für Schritt bewegt er sich durch unterschiedliche Szenarien mit einer oder mehreren Spinnen und
lernt mit seiner Angst umzugehen. Mit jeder Konfrontation gewöhnt er sich immer mehr an Spinnen, so verringert sich seine Angst. Mit der Zeit löst sich die Verbin-
dung von Reiz und Reaktion und die Phobie verschwin-
det. Kommt es zu einem Rückfall, kann der Phobiker
jederzeit zu einem leichteren Level zurückkehren und
so lange darauf bleiben, bis er seine Angst kontrolliert
und sich für eine höhere Anforderung gewappnet fühlt.

Die virtuelle Therapie lässt sich mit der herkömmli-
chen Verhaltenstherapie kombinieren, bei der sich der
Proband immer mehr einer echten Vogelspinne nähert,
sie schließlich berührt und sogar auf die Hand nimmt.

1997 führte Carlin mit seinen Mitarbeitern erfolgreich die Heilung der Spinnenphobie bei einem Patienten
durch, der 20 Jahre daran litt. Sie kombinierten Virtual
Reality mit taktilen Reizen: Erst sah der Proband Vogelspinnen und Schwarze Witwen in der Kunstwelt, dann
betastete er zugleich eine Spielzeugspinne mit den Händen, wodurch die Wahrnehmung verstärkt wurde. Nach
12 einstündigen Sitzungen war er geheilt: Er konnte im
Wald campen und Spinnen im Haus ohne Angst begegnen, und so blieb es auch nach einem Jahr.

Hypnose

Mit einer Hypnotherapie werden gute Ergebnisse bei
der Heilung von Tierphobien, also auch bei der Arachnophobie, erzielt, zumindest dahingehend, den Umgang
mit dem Angstobjekt zu lernen und Panikattacken zu
besiegen, also einen Wandel einzuleiten.

Der erste Schritt

Einen ersten Schritt zur Überwindung der Angstzu-
stände kann der Phobiker durch die Aktivierung von
Selbstheilungskräften machen. Hierzu werden Semina-
re angeboten.

Der Therapeut

Ein geeigneter Therapeut sollte nicht nur auf Hypnose
spezialisiert sein, sondern auch umfassende Kenntnis-
se von Therapien und natürlich Erfahrung haben. Eine
gründliche psychotherapeutische und auch psychologi-
sche Ausbildung sollten vorhanden sein, schon um eine
Phobie zu diagnostizieren und festzustellen, ob diese
kurzfristig zu behandeln ist.

Anzahl von Sitzungen und Zielsetzung

Zur Heilung von Tierphobien sind oft nur wenige Sitzungen nötig. Hierbei setzen sich Klient und Therapeut
gemeinsam Ziele, die erreicht werden sollen. Sie werden bei darauffolgenden Beratungen besprochen. Am
Ende wird überprüft, ob sie erreicht wurden.

Nebenwirkungen, Risiken, Erinnerungsverfälschungen

Hypnosen sind nicht ungefährlich.

Zum einen können Nebenwirkungen wie Kopfschmerzen auftreten. Zum anderen können Traumata, also starke seelische Erschütterungen, die unterbewusst noch lange nachwirken, wieder aktiviert werden. Auch können versteckte Depressionen, eine Manie und Psychosen wieder zum Vorschein kommen bzw. erst durch die Hypnose ausgelöst werden.

Grundsätzlich kann es bei hypnotischer Regression, also der Rückführung, vorkommen, dass falsche Erinnerungen, die den Vorstellungen des Therapeuten entsprechen und entspringen, eingepflanzt werden. Der Hypnotisierte kann nicht zwischen diesen *Pseudoerinnerungen* und den tatsächlichen unterscheiden, was negative Konsequenzen haben kann. Wegen dieser Erinnerungsverfälschungen entsprechen seine Erlebnisberichte möglicherweise nicht dem wirklich Erlebten.

Hypnose, Trance, NLP und Reframing

Um die Bedeutung dieser Begriffe zu erfahren, lohnt sich bereits ein Blick in den Duden.

Die Definition von *Hypnose* lautet: Ein schlafähnlicher, eingeschränkter Bewusstseinszustand, der vom Hypnotiseur durch Suggestion herbeigeführt werden kann und in dem die Willens- und teilweise auch die körperlichen Funktionen leicht zu beeinflussen sind. Hypnotisieren heißt in Hypnose versetzen, beeinflussen, widerstandslos machen.

Trance ist ein schlafähnlicher Zustand, der in Hypnose auftritt.

Neurolinguistisches Programmieren (NLP) ist ein psychotherapeutisches Verfahren zur Veränderung menschlichen Verhaltens mit dem Ziel, positives Empfinden und Fähigkeiten zu mobilisieren und negative Gefühle durch positive Erfahrungen zu ersetzen.

Hierbei werden verschiedene Techniken wie Suggestions- und Motivationstechniken und Kommunikationsstrategien durchgeführt, je nachdem wofür NLP verwendet wird.

Hypnotherapie

Die Hypnotherapie umfasst verschiedene Therapieformen, die Trance und Suggestionen therapeutisch nutzen. Bei der therapeutischen Arbeit kann die Hypnose allein für sich angewendet werden, es wird rein hypnotherapeutisch gearbeitet. Oder aber Elemente aus anderen psychotherapeutischen Verfahren fließen mit ein. In allen Fällen geht es um die Förderung von Heilungs-, Such- und Lernprozessen.

So führt eine Veränderung der Perspektive weg vom nutzlosen Kampf gegen die Symptome hin zu mehr Akzeptanz.

Es können bei der Hypnose auch alltägliche Tranceprozesse mit eingesetzt werden. Auch Selbsthypnose und Tiefenentspannungsübungen können erlernt werden.

Gute Voraussetzungen für den Erfolg

Warum die Hypnotherapie bei Phobikern so gut funktioniert, liegt daran, dass unter Ängsten leidende Menschen für die Behandlung prädestiniert sind, denn bei Angstreaktionen treten typische hypnotische Phänomene auf:

Die krankhaften Veränderungen im Verhalten (Symptome) werden als nicht bewusst steuerbar und unabhängig vom Willen auftretend erlebt.

Es gibt eine Zeitverzerrung, d. h. während der Panikattacke ist die erlebte Zeit viel größer als die reale Zeit, z. B. gefühlt eine halbe Stunde Dauer, real nur wenige Minuten oder gar nur Sekunden.

Zudem verfügen Phobiker über ein ausgezeichnetes Vorstellungsvermögen, können sich ihr Scheitern beim Bewältigen einer Aufgabe sehr lebhaft vorstellen.

Angstreaktionen erfüllen somit wesentliche Charakteristika einer hypnotischen Reaktion. Daher können sie auch als negative Hypnose angesehen werden (*Problemtrance*). Und deshalb liegt es nahe, die hypnotischen Fähigkeiten der Patienten für konstruktive Lösungen zu nutzen.

Überwindung der Arachnophobie

Schon wenige Minuten geleitete Trance können zur Überwindung einer Spinnenphobie führen.

Hierbei spürt der Phobiker, vom Therapeuten geleitet, den Ursachen seiner Angst vor Spinnen nach. Zudem lernt er, Panikattacken durch neurolinguistisches Programmieren zu besiegen, sprich: negative Gefühle durch positive zu ersetzen.

Kurzzeittherapie mit Entkopplung

Bei einer hypnotischen Kurzzeittherapie werden phobische Störungen direkt reduziert. Sie kann auf unterschiedliche Art und Weise herbeigeführt werden. Jedoch gehen alle Methoden davon aus, dass eine Kopplung von Auslöserreizen an zuvor Gelerntes vorliegt.

Ein Auslösereiz (z. B. das plötzliche Auftauchen oder der Anblick einer Spinne) hat bei den meisten Menschen gar keine, zumindest keine so intensiven Angstreaktionen, wie sie der Phobiker zeigt, zur Folge.

Bei Spinnenfreunden (Arachnophilen) ist das Gegenteil der Fall, sie freuen sich, nähern sich, ja, sind begeistert, wenn es sich um eine lang gesuchte Spinne oder einen Einwanderer, vielleicht sogar eine neue Art handelt.

Bei Phobikern wurde der Auslöserreiz durch vorangegangene Lernprozesse an die Panikreaktion gekoppelt, d. h. Spinne taucht im Blickfeld auf - Panik tritt auf.

Die hypnotische Behandlung zielt nun darauf ab, diese Kopplung aufzulösen und den vorliegenden *Negativ-Anker (Panik)* durch einen *Positiv-Anker* zu ersetzen, wie es der Psychologe nennt.

Verlauf einer Sitzung zur Behandlung der Arachnophobie (nach Werner Eberbein)

1. Zunächst soll der Patient den Grad seiner Angst vor Spinnen auf einer Skala von 0-10 einschätzen.

2. Dann versetzt ihn der Hypnotherapeut in eine hypnotische Trance und suggeriert ihm, sich eine Situation vorzustellen, in der er kompetent ist, sich wohlfühlt oder Herr der Lage ist (eine starke Ressourcensituation). Ein Beispiel wäre: Am Meeresstrand entspannt liegen und sich sonnen.

3. Dieses Erleben verstärkt der Hypnotherapeut mithilfe einer Reihe hypnosuggestiver Techniken und ankert es dann an *spezifische Auslösereize* (eine Geste, Worte, Imaginationen oder Gegenstände), während der Patient in Trance in die *Ressourcensituation* versetzt ist, d. h. in unserem Fall: Sich entspannt am Meeresstrand sonnen. Ein Beispiel für solch einen *Ressourcen-Anker* wäre das Ausstrecken der Finger der linken Hand. Es ergibt sich die Kopplung: sich entspannt am Meeresstrand sonnen - Finger strecken.

4. Sodann assoziiert der Hypnotherapeut die Problemsituation (Spinnenbegegnung) mit dem Ressourcen-Anker (Finger strecken). Resultat: Spinnenbegegnung - Finger strecken.

So entsteht über den gemeinsamen Anker »Finger strecken« im Patienten eine neue Kopplung zwischen der Problemsituation (Spinnenbegegnung) und dem Ressourcen-Zustand (sich entspannt am Meeresstrand sonnen). Eine Spinnenbegegnung ist nun verknüpft mit Wohlfühlen, wo zuvor Panik war: Spinnenbegegnung - Sonnen am Meeresstrand.

Das Verfahren funktioniert, weil die starke ressourcenvolle Kopplung die problemauslösende Kopplung gleichsam überschreibt.

5. Die neue Kopplung wird durch hypnosuggestive Techniken verstärkt und mehrfach wiederholt.

6. Dann wird der Patient in den Wachzustand zurückgerufen und aufgefordert, seine Angst vor Spinnen erneut auf der Skala von 1-10 einzuschätzen. Meist ist sie schon durch diese erste Kurzbehandlung kleiner geworden. Weitere Sitzungen bis hin zum vollständigen Angstabbau können folgen.

Tageszeit und Therapieerfolg

Bei der Psychotherapie spielt auch die Tageszeit eine Rolle, wie erst kürzlich herausgefunden wurde. Psychologinnen aus Saarbrücken stellten fest, dass Frauen in einem dreistündigen Seminar zwischen 8 und 11 Uhr besser therapiert werden können als zwischen 18-21 Uhr, was auf den höheren Cortisolspiegel morgens zurückgeführt wird, der Lern- und Gedächtnisprozesse verstärkt.

Sie überprüften den Erfolg nach einer Woche und nach drei Monaten, wobei die Testperson einen Raum mit einer Hauswinkelspinne in einer Plastikdose am anderen Ende betreten, den Deckel öffnen, die Spinne herausnehmen und auf die Hand nehmen musste.

Tapping - EFT

Bei EFT (Emotional Freedom Techniques) handelt es sich um eine spezielle Methode der Akupressur zur Behandlung von Stress- und Angststörungen, die in den USA *Tapping* (klopfend) genannt wird.

Die Methode wurde vom Amerikaner Gary Craig entwickelt und ist eine Anwendung der »Energetischen Psychologie«, die im Unterschied zu klassischen psychotherapeutischen Methoden mit dem »Energiesystem« des menschlichen Körper arbeitet.

Hierbei werden in Sitzungen bei einem Psychotherapeuten, die man selbst bezahlen muss, da EFT (noch) nicht von den Krankenkassen als wirksame Heilmethode eingestuft wird, Phobien durch Klopfen auf bestimmte Energiepunkte (Meridiane) aufgelöst, um Störungen des Energieflusses zu korrigieren und die Ängste vollständig zu entfernen.

Das Tapping basiert auf der ganzheitlichen Heilung von Körper und Seele in China, der Aufhebung der Störung des Gleichgewichts von Yin und Yang, der Lehre von den Energieflüssen im Körper, die bei kranken Menschen gestört sind.

Aufmerksam auf diese Methode wurde ich durch die Lektüre des Buches *Wie ich meine schreckliche Angst vor Spinnen verlor* von Charlotte Tann-Hochberg (mehr s. u . im Kapitel *Spinnenangst-Überwindungs-Bücher*).

Betablocker

In der *Pharmazeutischen Umschau online* und der *Apotheken Umschau* 3/16 findet sich ein Artikel über eine im Fachmagazin *Biological Psychiatry* veröffentlichte Untersuchung an der Universität Amsterdam mit dem Einsatz des Betablockers *Propanolol* als neue schnelle Therapie zur Überwindung der Arachnophobie. Der Wirkstoff schwächt die Erinnerung an die Furcht im Gehirn.

Und so lief der Versuch ab: Jedem der 30 Probanden wurde zwei Minuten lang eine Spinne gezeigt. Anschließend erhielten 15 der Testpersonen den Betablocker, die anderen 15 ein Placebo, also ein Scheinmedikament ohne Wirkstoffe. Weitere 15 Patienten erhielten den Betablocker, ohne mit der Spinne konfrontiert worden zu sein.

Das Ergebnis war, dass sich diejenigen, die die Spinne gesehen und das Medikament bekommen hatten, Spinnen nähern konnten, ein Effekt, der ein Jahr und länger anhielt. Es war, als ob den Patienten die Angst herausoperiert worden wäre.

Wenn sich die Wirksamkeit des Betablockers in größeren Studien bestätigt, ließe sich hiermit die Behandlung von Phobien gegenüber den üblichen länger dauernden Verhaltenstherapien drastisch verkürzen, was die Pharmakonzerne freut und die Psychotherapeuten sicherlich nicht.

Spinnenangst-Überwindungs-Bücher

Hier bespreche ich mehrere Bücher, die dazu dienen sollen, vorhandene Angst vor den Achtbeinern verschwinden zu lassen - bei Kindern und Erwachsenen.

Für Kinder

Spinnen Alarm!

Im wunderbar bebilderten, sehr zu empfehlenden Kinderbuch *Spinnen Alarm!* von Nina Dulleck gibt es Infos, wie Spinnen aussehen, wo sie überall zu finden sind, wie groß sie sind - und einen Angstschrei mit langem Ekel Iiiiieh! zu Beginn, den nicht etwa das Mädchen, sondern der Junge ausstößt.

Dann gibt es die Tipps, wie man Spinnen aus der Wohnung verschwinden lassen kann, ohne sie anfassen zu müssen. Dabei wird jede Methode für sich im Einzelnen dargestellt, jedoch auch ein Gerät abgebildet, das über alle Hilfsmittel verfügt. Es ist dies »die einzigartige, gigantomanische, superduper Staubsauger-Fliegenklapp-Spinnenverschwinde-Maschine«. Was für ein Wortungetüm! Dieses Wunder der Technik hat mich zutiefst beeindruckt, tolle Sache, noch nie zuvor gesehen. Folgende Werkzeuge werden u. a. abgebildet: Fangnetz, Föhn, Mopp, Staubsauger und Zeitung, also eine Reihe von Geräten, die Spinnen killen.

Doch dann kommt die spinnenfreundliche Methode, die mit einem Namen versehene, also sehr menschliche Spinne, die nun personifiziert kein Ding mehr ist, aus dem Zimmer zu entfernen: Becher und Postkarte zum Spinneneinfangen mit anschließendem Transport ins Freie. Postkarten sind zwar heute selten, doch ein Stück Pappkarton, ein Bierdeckel, ein Heft oder ein Buch lässt sich bestimmt auf die Schnelle auftreiben, bleibt anzumerken. Schließlich wird den jungen LeserInnen klargemacht, wie klein Spinnen doch im Unterschied zu uns sind und wie nützlich und zudem, dass es bei uns in Europa keine gefährlichen Spinnen gibt, was nicht ganz richtig ist (Dornfinger s. u. im Kapitel Giftigkeit, Giftwirkung - Infektionen?).

Spinnen haut ab!

Für die Kleinsten unter uns (3-6 Jahre) gibt es *Spinnen haut ab!* (Original *Comment ratatiner des araignées?*) von Catherine Leblanc, illustriert von Roland Garrigue. Hierin finden sich zahlreiche Tipps, wie man Spinnen in der Wohnung loswird, sie vernichtet (abmurkst, zermatscht, wie der Originaltitel es ausdrückt).

Auf dem Frontcover sind 18 verschiedene Spinnen zu sehen, einige haben den typischen Spinnenkörper, andere sind bunt, die meisten jedoch in dunklen Farben gehalten und die allermeisten haben zwei Augen oder sogar drei davon. Gemeinsam sind allen die charakteristischen acht Beine. Auf dem Backcover schreit ein Mädchen, deren Zöpfe vor Schreck senkrecht in die Höhe stehen beim Anblick einer am Faden hängenden schwarzen dichtbehaarten Spinne, die ihr die Zunge herausstreckt. Auf den Innencover vorne laufen Junge und Mädchen / Vater und Mutter vor der winzigen am Boden sitzenden Spinne davon, hinten hängt ein Mädchen festgeklebt im Radnetz.

Auf den ersten Seiten schaut uns eine große schwarze behaarte achtbeinige Spinne mit breitem Mund (sechs dolchförmige Zähne, Zunge, Schleim) und einer Nase aus zwei gelben Menschenaugen grimmig an. Schrecklich, scheußlich - vernichten möchte man sie, die sich überall breitmachen, an Wänden hochkrabbeln und sich von der Decke an Fäden runterlassen, lautet der Text dazu. Und nun gibt es auf den folgenden Seiten u. a. die folgenden Tipps: Nicht in Ohnmacht fallen!, sie mit einer Taschenlampe erschrecken, mit dem Hausschuh erschlagen, mit dem Staubsauger einsaugen und mit Haarspray am Boden fixieren. Die großen aus dem Keller kommenden Spinnen soll sich die Katze schnappen.

Tunlichst unterlassen sollte man jedoch sie zu kochen oder zu verbrennen. Wir erfahren auch, dass die Spinnen im Winter aus der Kälte in die Wohnung kommen (Nun ja, das tun sie nicht, es muss schon warm sein, dass sie laufen können, denn sie sind wechselwarm. Allerdings kommen einige im Sommer über die Terrassentür in die Wohnung).

Schließlich jedoch kommt der Tipp, einer Spinne erst einmal in die Augen zu schauen (die allerdings nicht so groß und menschlich wie abgebildet sind), bevor man sie mit dem Pantoffel erschlägt, und da wird klar, dass die Spinne, so klein wie sie ist, Angst vor uns großen Menschen hat und zudem nützlich ist, weil sie zahlreiche Insekten in der Wohnung fängt, die andernfalls überall im Haus herumrennen würden.

Den Text lesen die Eltern vor, die ein- oder zweiseitigen Zeichnung schauen sich unsere kleinen Angsthasen an, und die sind wirklich toll. Da sehen sie, dass es nicht so einfach ist, eine Spinne zu erwischen, z. B. wenn man daneben schlägt, geht die Wohnungseinrichtung kaputt, eine Szene, die noch extremer der Kater Garfield erlebt (s. Renner: *Spinnen ungeheuer - sympathisch*), der die Spinne mit einem heruntergezogenen Fenster zerquetschen will. Doch was passiert? Das ganze Haus stürzt ein und - die Spinne überlebt.

Für Erwachsene

In dem Selbsttherapiebuch *Wie ich meine schreckliche Angst vor Spinnen verlor* berichtet Charlotte Tann-Hochberg von der Überwindung ihrer Arachnophobie mit EFT (s. o.). Das Wort »Spinne« möchte sie nicht in den Mund nehmen, um extrem Spinnenängstliche nicht am weiterlesen zu hindern. So spricht sie vom Krabbeltier und vom Angstobjekt, von der Spezifischen Phobie und von Sp...angst-Büchern, und es tauchen in der Angstauflistung nur noch 3 Punkte auf (...). Wie sie selbst einräumt, musste der Name des Achtbeiners in den Titel, versteht sich, denn sonst weiß ja niemand, worum es hier geht. Das dürfte allerdings zur Folge haben, dass die Zielgruppe das Buch erst gar nicht in die Hand nehmen wird.

Als ihre Spinnenangst immer schlimmer wurde, beschloss sie, sich therapieren zu lassen. Zunächst suchte sie nach Büchern bei Amazon und wurde geschockt von denen, die eine Spinne im Großformat auf dem Frontcover hatten, fand jedoch einen allgemeinen Ratgeber über Ängste mit dem Verweis auf EFT. Sie informierte sich über Verfahren zur Beseitigung der Phobie: Medikamente wollte sie nicht lebenslang schlucken, auch keine homöopathischen Mittel. Hypnose, eine Verhaltenstherapie sowie eine klassische Psychotherapie lehnte sie ab, auch vor der Therapie durch direkte Konfrontation hatte sie Angst. So entschied sie sich für das *Tubbing (EFT)*, bei einem darin geschulten Psychotherapeuten.

Beim einleitenden Gespräch stufte sie ihre Angst mit 11 auf einer Skala von 0 bis 10 ein, dann wurden Einzelaspekte ihrer Angst aufgschrieben, wie schwarze, behaarte, plötzlich auftauchende Spinnen unter dem Bett, im Keller, die von draußen ins Haus kommen etc. und der Angst, verrückt zu werden bzw. bei der nächsten Begegnung tot umzufallen. Insgesamt 16 Punkte kamen zusammen und wurden nacheinander an 16 Stellen an Kopf, Körper und Händen abgeklopft. Es gab zudem eine Konfrontation mit einem Spinnenfoto auf dem Handy.

Nach der dritten Sitzung hatte sie es geschafft und konnte eine Spinne in ihrer Wohnung mit einem Glas einfangen und nach draußen bringen.

Ratgeber für Eltern

Wenn Kinder Angst haben

Während meiner Arbeit in der Stadtbibliothek vor vielen Jahren entdeckte ich einen Familienratgeber mit dem Titel *Wenn Kinder Angst haben* beim Zurücksortieren ins Regal. Ich sah kurz hinein, ob auch etwas über Spinnen drinstünde. Und so war es auch.

Gleich im Vorwort tauchen sie auf: Als Erwachsene abends am Bett unserer Kinder hören wir von ihren Ängsten. Sie erzählen uns von Monstern, Spinnen und Außerirdischen, an die sie fest glauben, denn bis zum Alter von fünf Jahren leben sie in einer magischen Welt, die voller Rituale ist. Dann stellen sie uns Fragen, die wir beantworten sollen.

Doch auch ältere Kinder und Jugendliche sowie einige (oder gar viele) von uns Erwachsenen bleiben von magischen Dingen fasziniert. Sie lesen und schreiben Fantasy-Romane und schauen sich begeistert die Verfilmungen an, wie die Erfolge von *Harry Potter,* auch Tolkiens *Herr der Ringe* beweisen. Und nicht nur Erzählungen, sondern auch Esoterik, Horoskope, Wahrsagungen, religiöse Rituale etc. faszinieren uns. Und so war es wohl auch ein Leben lang bei unseren frühesten Vorfahren und naturverbundenen Völkern noch heute (s. die Traumzeit bei den Aborigines in Australien). Und Spinnen und Spinnenwesen findet man hier und da und dort - in zahlreichen Büchern und Filmen unserer und anderer Welten.*

Stufenplan zur Sensibilisierung

Im Kapitel Angsthierarchie stellt der Autor am Beispiel der Spinnenangst einen Stufenplan zur Desensibilisierung vor. Er unterscheidet dabei 10 Stufen, über

---

*: Mehr zum Themen in meinen Büchern: *Spinnen-Spiegelungen in Menschenaugen* sowie *Literaturspinnen, Spinnenfilme.*

deren Zahl man sich streiten mag. Wichtig ist aber die zunehmende Annäherung bis hin zum Körperkontakt.

Es beginnt mit Stufe 1: Bilder von Spinnen ansehen, während die Mutter oder der Vater beruhigend etwas über die Lebensweise und Ungefährlichkeit erzählt, setzt sich fort mit dem Betrachten echter Spinnen beim Zoobesuch und im Freiland, dann im Haus (Stufe 6: aus unmittelbarer Nähe). Ab Stufe 7 läuft die Spinne über die Kleidung, dann über Bein, Arm, Hand, schließlich nimmt sie das Kind (oder der arachnophobe Erwachsene) auf die Hand und erlebt vielleicht noch als äußerste Mutprobe, wie die Spinne auf seinen nackten Arm oder den Kopf fällt - und ist geheilt.

Der Autor Suer beruhigt die Eltern, dass es schon ein großer Erfolg ist, wenn es ihr Kind bis Stufe 6 oder 7

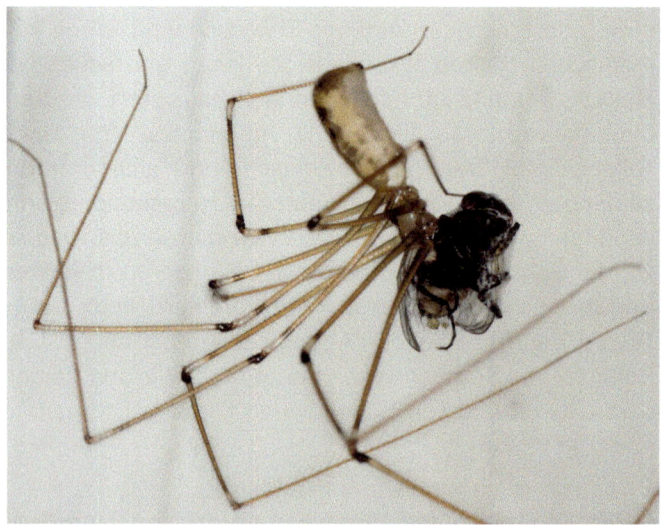

Die in unseren Wohnungen lebende Zitterspinne *Pholcus phalangioides* mit Fliegenbeute in ihrem lockeren Gespinst. Sie lauert oft in Ecken oben unter der Decke, hinter Möbeln, aber auch im Bad. Beim Herumlaufen unter der Decke bleiben Seidenfäden zurück, die auch der Spinnenfreund ohne Schaden für die Spinne entfernen kann.

der Angsthierarchie schafft. Schließlich muss es ja kein Spinnenliebhaber werden, sondern sollte nur dauerhaft seine Angst verlieren. Er fügt hinzu, dass man seinem Kind bei all dem Zeit lassen, behutsam vorgehen und die Möglichkeit zum Rückzug lassen soll.

Man kann auch eine Geschichte erzählen und mit einfachen Sätzen wie »Die Spinne Olga ist ein freundliches Wesen« oder »In ihrem Netz fühlt sich die Spinne in Sicherheit« positive Fantasien unterstützen.

Arachnophile - Spinnenfreunde

Arachnophile nennt man im Gegensatz zu Arachnophoben alle Menschen, die Spinnen lieben.

Es gibt also tatsächlich Menschen, die finden Spinnen hübsch und lieben sie vielleicht schon deshalb, weil sie abgesehen von klopfend balzenden Vogelspinnenmännchen so still und als Haustiere in Terrarien äußerst pflegeleicht sind. Sie leben mit ihren Hausspinnen in ihrer Wohnung zusammen, halten sie in Terrarien oder lassen vielleicht sogar eine große Seidenspinne (*Nephila*-Art) ihr Netz frei in der Küche spinnen. Auch Zitterspinnen und Hauswinkelspinnen dürfen bei ihnen am Leben bleiben. Auch bei mir und das bedeutet ...

Einige Spinnenfreunde nehmen ihre Spinne sogar auf die Hand und sind fest davon überzeugt: »Meine Spinne kennt und – liebt mich.« Andere lassen einheimische Spinnen über ihre Hand laufen. Und wundert sich jemand oder schaut gar entsetzt, dann sagen sie immer wieder nur den einen Satz, den wir alle von Hundehaltern kennen und der da lautet: »Die tut doch nichts!«

Hier soll auch nicht unerwähnt bleiben, dass der Spinnenfreund empört ist, wenn etwa Vögel ausgerechnet »*seine*« Spinnenart zur Jungenfütterung erbeuten und verzehren. So war es bei mir, als ich während meiner Diplomarbeit Veröffentlichungen über die Nahrung von Kohlmeisen und Dorngrasmücken las, wobei letztere Art größere Spinnen wie die Brautgeschenkspinne, besonders die kokontragenden Weibchen, bevorzugt fing und an ihre Jungen verfütterte.

Tja!, und Spinnenforscher haben natürlich sowieso keine Angst vor den Achtbeinern. Zumindest für einige unter ihnen sind Spinnen keine reinen Untersuchungsobjekte, deren Tod sie billigend in Kauf nehmen, um Forschungsresultate zu erzielen, zu veröffentlichen und damit in der Fachwelt bekannt zu werden.

Anzumerken ist hier noch, dass bis heute zur Feststellung ihrer Artzugehörigkeit oder Neubeschreibung Spinnen gesammelt und getötet werden, wie wir das auch von Insekten kennen, die dann aufgespießt aufbewahrt werden. Spinnen landen hingegen wegen ihres weichen Hinterleibs im Alkohol und werden in Gläschen in Museen, wie z. B. Senckenberg in Frankfurt / M., für spätere Untersuchen aufbewahrt. Versteht sich, dass diese Tatsache denen unter uns, die Spinnen wirklich lieben, gar nicht gefällt.

Die angstfreie Mehrheit

Die meisten Menschen haben keine übertriebene Angst vor Spinnen, lieben sie aber auch nicht, sind also weder *arachnophob* noch *arachnophil*. Sie können Beiträge über Spinnen im Fernsehen und Internet anschauen, Spinnenfotos und Spinnenfilme betrachten, ohne in Panik auszubrechen.

Vorsichtig sein

Sie sind vorsichtig, was sinnvoll ist, wenn man nichts Näheres über Spinnen weiß, denn sie könnten ja gefährlich, giftig für den Menschen sein und zubeißen. Sie halten deshalb Abstand und lassen sie am Leben.

Manche Menschen haben auch Angst vor Spinnen, doch ohne in Starre zu fallen oder in Panik zu geraten. In diesen Fällen handelt es sich um keine Phobie. Und dennoch entfernen sie neben Spinnweben - damit die Wohnung nicht so ungepflegt aussieht - auch die »Übeltäter« aus der Wohnung, fangen sie also ein und setzen sie als Tierfreunde raus ins Freie - oder aber schlagen sie doch tot.

Eine Furchtlose im TV

Als furchtlos wurde eine Kandidatin bei *Wer wird Millionär?* am 3.2.18 vorgestellt, denn Spinnen ziehen immer. Erstaunlicherweise hat sie nach eigener Aussage Angst vor Katzen, die ihrer Meinung nach bösartig sind, jedoch nicht vor Spinnen. Die findet sie alllerdings auch nicht süß.

Die Angst der Spinnen vor Menschen

Meistens laufen Spinnen vor *uns* weg und verstecken sich. Denn wir sind bedeutend größer als sie und somit potentielle Feinde. Wir könnten sie umbringen, und das geschieht oft genug durch Mitmenschen, die Angst vor den winzigen Krabblern haben (s. o.). Doch gibt es leider auch Menschen, die es einfach so aus Spaß machen, weil sie entweder Tierquäler sind oder einen Spinnenfreund bewusst ärgern wollen.

Nun ja, so ist unsere Welt. Vielleicht wird sie mit der Zeit ein wenig besser, denken die Optimisten unter uns. Ob sich dabei die Einstellung zu Spinnen ändern wird?

Und der Weise-Erwachte lächelt, denn er nimmt alles so, wie es ist.

Anzumerken bleibt hier noch: Würden Spinnen Menschen als Menschen wahrnehmen und ein spezielles Fluchtverhalten vor und bei einem Kontakt mit Menschen zeigen, so könnten wir bei ihnen von einer besonderen Form von *Hominophobie*, also der Angst vor Menschen allgemein und nicht nur vor Männern (s. o.), sprechen.

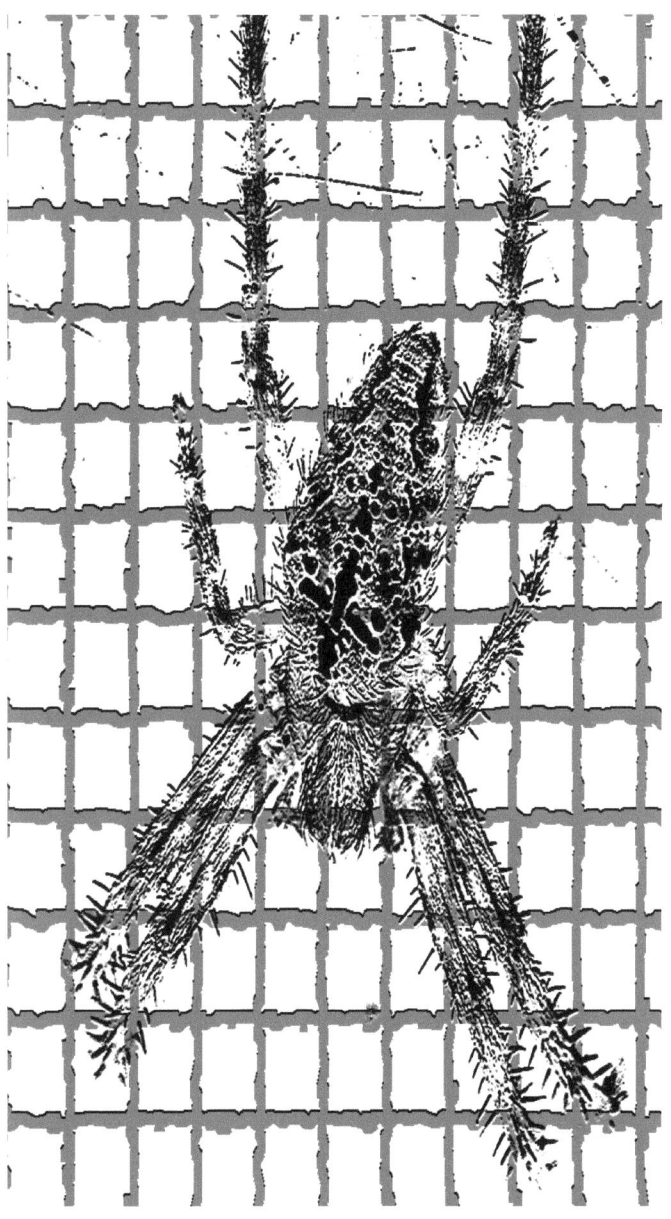

Kreuzspinne - einmal anders anderswo.

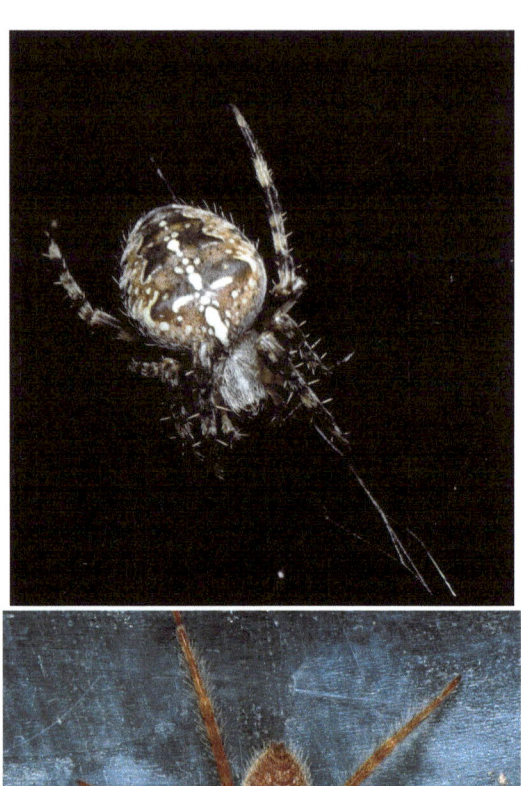

Heimische Gartenkreuzspinne (*Araneus diadematus*), eine Rad-
netzspinne (Familie Araneidae). Südamerikanische Kammspinne (*Cupiennius salei,* Familie Ctenidae), eine Verwandte der für
Menschen sehr giftigen Jagdspinne (Bananenspinne) *Phoneutria
fera* (s. u.).

Giftspinnen und Spinnengifte

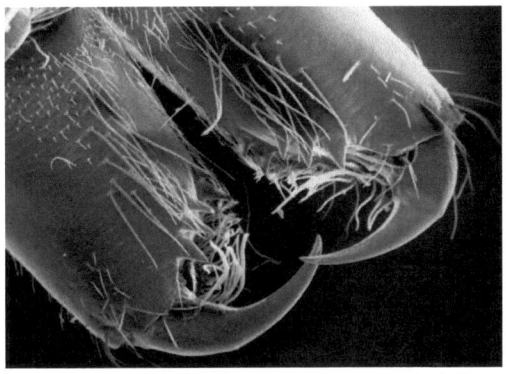

Cheliceren der Brautgeschenkspinne *Pisaura mirabilis.*

Spinnen beißen

In einer Reihe von Büchern und Filmen der Sparten Abenteuer, Fantasy und Horror töten oder betäuben Spinnen ihre Beute mit einem Stachel. Ein Beispiel dafür ist die riesige Kankra im »Herrn der Ringe« von Tolkien, die allerdings keine echte Spinne, sondern ein spinnenartiges Wesen ist.

Die Realität sieht anders aus: Im Gegensatz zu Bienen, Hummeln, Wespen, Schlupfwespen besitzen Spinnen *keinen* Stachel. Am Ende des Hinterleibs befinden sich ihre Spinnwarzen, mit denen sie ihre Seide abgeben. Bei den Gliederspinnen der Familie Liphistiidae liegen die Spinnwarzen weiter vorne, sie besitzen jedoch ebenfalls keinen Stachel am Hinterleibsende. Auch haben Spinnen keinen Stechapparat vorne im Mundbereich, wie wir ihn von Mücken und Bremsen kennen. Spinnen *beißen* mit ihren Giftklauen vorne am Körper. Beim Biss einer großen Vogelspinne in unsere Haut sind deutlich zwei Einstichstellen zu erkennen, wie wir es von Schlangenbissen und von Dracula und den Vampiren in Romanen und Filmen her kennen.

Womit beißen Spinnen?

Spinnen besitzen als erstes Gliedmaßenpaar ein Paar *Kieferklauen*, *Cheliceren* genannt. Jede Chelicere besteht aus einem Grundglied und einer Klaue. Das Grundglied sitzt am Körper an. Die Klaue wird in Ruhe in eine Rinne eingeklappt, die bei den meisten Spinnenarten mit Zähnchen besetzt ist. Jede Klaue besitzt kurz vor dem Ende eine seitliche Öffnung, aus der Gift in die Wunde fließt. Vor dem Zubeißen werden die Klauen ausgeklappt. Um beim Biss zappelnde noch nicht vom Gift betäubte Beute festhalten zu können, sind die Beugemuskeln äußerst kräftig entwickelt.

Bei Vogelspinnen und ihren Verwandten sind die Cheliceren mächtig groß, stehen nach vorne, und die Klauen werden von oben nach unten bewegt. Diese Stellung heißt *orthognath* (gerade beißend).

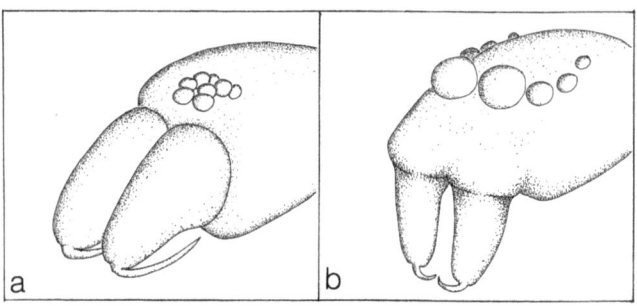

Chelicerenstellungen orthognath (a) und labidognath (b) (aus Renner 2018).

Bei den meisten heute lebenden Spinnenarten sind die Cheliceren viel kleiner und werden von beiden Seiten zangenartig aufeinander zu eingeschlagen. Sie sind *labidognath* (zangenartig beißend).

Da Vogelspinnen als primitiv galten, war es naheliegend anzunehmen, dass die orthognathe Chelicerenstellung die ursprüngliche und weniger effektive ist. Dagegen spricht, dass die Cheliceren einiger älterer

74

Spinnen (z. B. Mesothelae) eine Zwischenstellung einnehmen. Sie sind *plagiognath (quer beißend)*. Das ist also die ursprüngliche Stellung, von der die orthognathe und die labidognathe abgeleitet sind, wie wir bei Foelix (2011) lesen können.

Wen beißen Spinnen warum?

Beutefang

Spinnen fangen lebende *Beute*. Sie beißen sie, um sie an ihrer Flucht zu hindern. Spinnen halten ihre Opfer mit den Cheliceren fest und betäuben oder töten sie mit ihrem Gift. Durch den Gifteinsatz wird die Gegenwehr und somit die Verletzungsgefahr durch strampelnde Beutetiere verringert. Vogelspinnen strecken zudem ihre Beine und stehen aufrecht auf dem Boden, um zu verhindern, dass ihre Beute Halt findet.

Vogelspinnen und Raubspinnen der Familie Pisauridae umspinnen oder überspinnen anschließend ihre bewegungslose Beute. Das wird »*post-immobilisation wrapping*« genannt, also Umspinnen der unbeweglichen oder toten Beute.

Zahlreiche Spinnenarten fangen ihre Beute mit ihrer Spinnenseide in Netzen und wickeln sie mit den Hinterbeinen in Seide ein, umspinnen sie rasend schnell durch Umkreisen, wickeln sie mit ihren langen Hinterbeinen aus der Entfernung ein oder spucken klebrige Sekrete auf sie. Erst nach dem Einspinnen beißen sie zu und fressen ihre Opfer an Ort und Stelle oder bringen sie zunächst in ihren Schlupfwinkel, um sie dort in Ruhe zu verspeisen. Diese Art der Seidenverwendung nennt man »*immobilisation wrapping*«: Durch Seide wird die Beute unbeweglich gemacht.

Verteidigung

Zur Verteidigung beißen Spinnen, wenn sie nicht fliehen und sich verstecken können. In diesem Fall werden auch wir gebissen, denn als Beute sind wir viel zu groß.

Die Bisse können recht schmerzhaft und bei einigen wenigen Arten auch für uns lebensgefährlich sein.

Nicht alle Spinnen beißen uns

Kleine Spinnenarten und junge Spinnen haben nur kleine Giftklauen, die nicht in unsere Haut eindringen können. Sie können uns nichts tun.

Im Unterschied dazu haben große Vogelspinnen lange Klauen an ihren Cheliceren. Die meisten Arten dieser Familie besitzen für uns schwach wirkende Gifte. Zudem geben sie oft nur wenig Gift oder gar kein Gift (Trockenbisse) zu ihrer Verteidigung ab. Sie müssen sparsam haushalten, denn es dauert einige Zeit, bis sie es nachproduziert haben. In erster Linie dient ihr Gift zum Töten der Beute.

Solch ein *Verteidigungsbiss* ist allerdings recht schmerzhaft. Dabei gelangen auch Bakterien in die Haut, obwohl sich Spinnen immer ordentlich putzen, also sehr reinliche Tiere sind. Deshalb sollte die Wunde mit einem *Antiseptikum* (Jod) behandelt werden, das es in jeder Apotheke frei verkäuflich gibt.

Drohen und Fauchen

Manche Vogelspinnen, aber auch andere Spinnenarten wie z. B. Kammspinnen, richten sich drohend auf, spreizen die Giftklauen und fauchen, indem sie Chitinzapfen über Rillen reiben. Dieser Vorgang heißt *Stridulation*. Kommt man ihnen zu nahe, schlagen sie mit den Vorderbeinen nach dem vermeintlichen oder tatsächlichen Angreifer, können aber auch blitzschnell vorspringen und zubeißen.

So erlebte ich es bei einer Weißknievogelspinne *Acanthoscurria geniculata,* die dann doch nicht in meine Hand biss.

Weibchen der Roten Usambara-Vogelspinne *Pterinochilus murinus* sind oft sehr aggressiv. Meist verstecken sie sich oder versuchen aus dem zweiten Ausgangs ihres

Mit erhobenen Vorderbeinen und ausgeklappten Cheliceren drohendes Männchen der Goliathvogelspinne (*Theraphosa blondi*).

Gespinstes zu entkommen. Ein hinter der hochziehbaren Frontscheibe in ihrem Gespinst sitzendes Weibchen hob jedoch beim Öffnen zwecks Wasserzugabe ins Schälchen ihre Vorderbeine, sprang vor und biss zu, wobei ihre Cheliceren hörbar gegen die Scheibe prallten.

Von Brennhaaren und Glatzen

Nicht alle Spinnen verteidigen sich mit Bissen. Wenn sich amerikanische Vogelspinnen bedroht fühlen, drehen sie dem Feind - oder dem Terrarienhalter - ihr Hinterteil entgegen und streifen durch schnelle Bewegungen der Hinterbeine winzige Brennhaare vom Hinterleib ab, die jucken und auch einen Ausschlag mit Bläschen verursachen können. Man sollte sie sich nicht in die Augen reiben und die betroffenen Kleidungsstücke erst nach dem Waschen wieder anziehen.

Haben diese Vogelspinnen eine größere Menge Brennhaare abgegeben, die erst bei der nächsten Häutung regeneriert werden, so entsteht auf dem Hinterleib eine kahle Stelle, eine »Glatze«.

Giftigkeit, Giftwirkung - Infektionen?

Besitzen alle Spinnen Gift?

Die meisten Spinnen haben Giftdrüsen. Sie befinden sich bei den Vogelspinnen und ihren Verwandten in den Cheliceren. Bei allen anderen Spinnen nehmen sie einen großen Teil des Vorderkörpers ein.

Kräuselradnetzspinnen (Familie Uloboridae), die ihre Beute fangen, indem sie diese mit Seide umwickeln, besitzen keine Giftdrüsen. Die Behauptung, dass die als ursprünglich geltenden Gliederspinnen der Familie Liphistiidae kein Gift hätten, ist falsch, denn 2010 entdeckten Schweizer Forscher bei ihnen Drüsen in den Cheliceren, die Gift produzieren dürften. Auch bei den winzigen Spinnen der Familie Holarchaeidae wurden bisher keine Giftdrüsen entdeckt.

Gift von Anfang an

Heute wird angenommen, dass bereits die ersten Spinnenarten im Karbon Gift zum Überwältigen ihrer Beute benutzten. Durch das Nervengift (Neurotoxin) wird diese unbeweglich gemacht, damit sie nicht entfliehen und sich nicht mehr wehren kann. Auch die Vorfahren der heutigen Kräuselradnetzspinnen benutzten einst Gift, bildeten im Lauf der Evolution ihre Giftdrüsen jedoch zurück und können sich heute ganz auf ihre Seide zum Überwältigen der Beute verlassen.

Giftfunktionen

Das beim Beutefang mit den Chelicerenklauen injizierte Gift lähmt die Beute, macht sie unbeweglich, tötet sie meist, doch nicht immer.

Zum anderen dient es zur Verteidigung gegen Feinde, wie wir schon hörten: Ein schmerzhafter Biss lässt den Angreifer zurückzucken und innehalten, erhöht so die Chance zu entkommen. Lernt der Angreifer, diese Spinne zu meiden, so wirkt der Biss auch in die Zukunft, eine Langzeitwirkung tritt ein. Bei der nächsten

Begegnung meidet der Gegner nicht nur dieses Exemplar, sondern alle Spinnen, die so aussehen, also alle Artgenossen und auch deren Nachahmer.

Das Spinnengift kann auch eiweißlösende Enzyme enthalten, deren Anteil an der Außenverdauung jedoch zu vernachlässigen ist.

Giftmengen und Gefährlichkeit

Besteht Gefahr für die Gesundheit, wenn eine Spinne zugebissen hat?, fragen sich viele Menschen.

Und die Antwort lautet: Keine Angst, das Gift der meisten Spinnenarten ist für Menschen ungefährlich. Zudem besitzen Spinnen viel weniger davon als die viel größeren Giftschlangen. Durch Schlangenbisse sterben jährlich weltweit, hps. in Afrika, 100 000 Menschen. Doch auch das Gift einiger weniger Spinnenarten wirkt auf unseren Kreislauf und kann tödlich sein. Zu den für Menschen gefährlichen Arten zählen die kleinen netzbewohnenden Witwen, größere Laufspinnen wie die südamerikanischen Bananenspinnen, sowie australische Trichternetzspinnen der Familie Atracidae.

Giftstärke

LD50-Werte

Lange Zeit war es üblich, LD50-Werte als Maß für die Wirkung eines Gifts anzugeben. Zur Bestimmung wurde es den Versuchstieren, meist Mäusen, intravenös gespritzt. Die Menge an Gift, die ausreicht, um die Hälfte der Mäuse zu töten, heißt LD50. Je kleiner die dafür benötige Giftmenge ist, desto stärker ist das Gift. Durch Vergleich der Giftmengen von Spinnenarten, Skorpionen und Giftschlangen, aber auch Insekten, wie Bienen, lässt sich eine Rangliste der giftigsten Tiere aufstellen.

Wie sich inzwischen herausgestellt hat, ist eine Übertragung der Werte von Versuchstieren auf den Menschen nicht möglich, denn ein Mensch ist nun einmal keine Maus. Und auch Wirkungen auf Hund und Mensch sind ganz unterschiedlich. Es gibt jedoch eine neue, noch selten angewandte Methode, um die Wirkung beim Menschen festzustellen: Da Menschenversuche nicht erlaubt sind, werden herangezüchtete menschliche Muskelzellen zum Test der Giftwirkung verwendet.

W-Fragen

Wir können uns hier folgende *Fragen mit W* stellen: *Wer? Wer? Wo? Wann? Wie viel?*

Wer? (welches Opfer?): Die Giftwirkung fällt unterschiedlich stark aus, je nachdem wer gebissen wird: ein Mann, eine Frau, ein Kind, ein Baby, wie gesund er / sie / es ist, also welche Krankheiten vorhanden sind und welche Medikamente eingenommen werden. Und nicht zuletzt spielt die Psyche - die Angst - eine große Rolle.

Wer? (welcher Täter?): Männliche und weibliche Spinnen einer Art besitzen unterschiedliche Giftkomponenten und Giftmengen, Weibchen haben meistens mehr davon. Auch spielt das Spinnenalter eine Rolle.

Wo?: Die Bissstelle ist von Bedeutung. Die meisten Bisse erfolgen in die Extremitäten.

Wann?: Jahreszeit und der Entwicklungszustand der Spinne spielen eine Rolle. Insbesondere vor und nach einer Häutung ist wenig Gift vorhanden. Im hohen Alter produzieren Spinnen gar kein Gift mehr, fangen aber oft noch Beute, die nicht mehr gelähmt wird.

Wie viel?: Je mehr sich die Beute wehrt, desto mehr Gift gibt die Spinne ab. Und so ähnlich ist es auch bei Bissen gegen Feinde und bei Bedrohung durch uns Menschen. Zur Verteidigung kommen aber auch *Trockenbisse* vor, bei denen gar kein Gift eingespritzt wird.

Unterschiedlich wirkende Gifte

Nervengifte: Die meisten Spinnenarten besitzen Neurotoxine in ihrem Giftcocktail. Durch diese wird die Beute nach dem Biss gelähmt oder getötet. Zu den bekannten für uns giftigen Spinnen mit diesen Nervengiften gehören die weltweit in warmen Gebieten vorkommenden Witwen (Gattung *Latrodectus*), die südamerikanischen Bananenspinnen (Gattung *Phoneutria*) und die australischen Trichternetzspinnen (Gattungen *Atrax, Hadronyche*).

Hautauflösende Gifte: Nekrotisch, d. h. zellzerstörend wirken die Gifte von Einsiedlerspinnen (Gattung *Loxosceles*) und Sechsäugigen Sandspinnen (*Hexophthalma*, *Sicarius*). Ihre Bisse verursachen Hautläsionen. Der verantwortliche Faktor bei *Loxosceles reclusa* ist die Sphingomyelinase D.

Cheiracanthium mildei (Familie Eutichuridae, s. Dornfinger), besitzt diese Substanz nicht. Ihr Gift dürfte somit keine Nekrose auslösen, wie immer wieder zu lesen ist. Dennoch sind bei Bissen durch *Cheiracanthium*-Arten auch schwerere Hautschädigungen (Rötung, Läsionen) beschrieben worden. Australische *Lampona*-Arten und der einheimische Dornfinger *Cheiracanthium punctorium* erzeugen nach neueren Studien keine nekrotischen Wunden.

Blutkörper zerstörende Gifte: Einzig allein Arten der beiden Gattungen *Loxosceles* und *Sicarius* (Familie Sicariidae) besitzen zudem *hämolytisch* wirkende Giftkomponenten, die rote Blutkörperchen auflösen.

Infektionen durch Spinnenbisse?

Bakterielle Infektionen sind bis auf eine Ausnahme (australische Seidenspinne der Gattung *Nephila*) nicht bekannt. Dies ist besonders gut bei Witwenarten (Gattung *Latrodectus*) untersucht (3245 Bisse weltweit). Für den Menschen gefährliche Bakterien kommen auf den Cheliceren von Spinnen nicht vor. Zudem enthalten Spinnengifte antibakteriell wirkende Substanzen.

81

Was tun nach einem Spinnenbiss?

Als erstes heißt es: Ruhe bewahren, keine Panik!

Handelt es sich um eine bei uns in Mitteleuropa heimische Spinne oder eine Vogelspinne, sollte man die Wunde sofort *desinfizieren* und ein Pflaster darüber kleben. Jetzt kann man beruhigt schlafengehen, wenn es abends oder nachts passiert ist.

Falls direkt nach dem Biss oder später Krämpfe oder Übelkeit auftreten, sollte man sofort einen Krankenwagen rufen. Optimal wäre es, die eingefangene oder tote Spinne mitzunehmen. Zudem könnte es sich auch um eine *Allergie* handeln.

Wenn eine der gefährlichen Giftspinnen, z. B. eine Bananenspinne der Gattung *Phoneutria*, eine Australische Trichternetzspinne oder auch eine Schwarze Witwe zugebissen hat, muss sofort ein Notarzt gerufen werden. Auch hier ist es wichtig zu wissen, welche Spinnenart es war, da die Gegengifte nur bei Spinnenarten wirken, von denen sie gewonnen wurden.

Notrufnummern sind 112 in der EU und in der Schweiz, 911 in den USA.

Wer nach Australien reist oder dort wohnt, findet Informationen, was zu tun ist, wenn eine gefährliche Spinne zugebissen hat, auch in Spinnenbüchern über dort heimische Spinnen, z. B. in *Spiders of Australia* von Terry Lindsay.

Heimische Giftspinnen?

Unter »heimisch« verstehe ich alle im Freien und in Häusern vorkommenden Spinnen Mitteleuropas.

Ihre Artenzahl ist nicht nur im Laufe der Evolution über viele Jahrmillionen, sondern auch innerhalb weniger Jahre nicht konstant. Denn zum einen sterben regional durch menschliche Eingriffe in die Umwelt Arten aus, zum anderen wandern aber auch neue Arten aus dem Mittelmeergebiet ein. Auch gelangen mit Schiffen Spinnen aus anderen Weltgegenden zu uns. Als eingebürgert gelten sie allerdings erst, wenn sie sich hier fortpflanzen können, was z. B. bei tropischen Arten in Gewächshäusern geschieht. Die von Spinnenfans gehaltenen und gezüchteten Vogelspinnen werden nicht zu den heimischen Spinnen gezählt.

Dem ungeduldigen Leser sei schon vorab gesagt: Bisher sind keine Todesfälle durch in Mitteleuropa heimische Spinnenarten bekannt geworden. Einmalige Bisse kommen zudem im Gegensatz zu Stichen bei gelegentlichen Bienen- oder häufigeren Wespenattacken selten vor. Doch auch Wespen an süßen Getränken im Sommer tun uns nichts, sofern wir nicht nach ihnen schlagen oder sie aus Versehen in den Mund bekommen.

Und nun betrachten wir die für giftig geltenden heimischen Spinnenarten in alphabetischer Reihenfolge ihrer deutschen Namen.

Der Ammendornfinger - Horror in der Presse

Immer wieder gibt es Schlagzeilen über den Ammen-Dornfinger (*Cheiracanthium punctorium*) (Familie Eutichuridae). Die meisten Menschen werden dieser Spinne nie begegnen. Denn sie verbringt den Tag in ihrem Ge-spinst auf Wiesen und an Waldrändern und kommt erst nachts auf Beutesuche heraus.

Entdeckt man einen Gespinstsack, sollte man ihn nicht mit bloßen Fingern öffnen. Es könnte eine weib-

Männchen des Ammen-Dornfingers (*Cheiracanthium punctorium*).

liche Spinne oder ein Paar darin sitzen oder aber ein
Weibchen mit Kokon bzw. eine Mutter mit Jungen. Diese
wird ihren Nachwuchs verteidigen, d. h. zubeißen.

Obwohl Kontakte eher selten sind, werden in Mitteleuropa und Nordamerika regelmäßig Bisse von verschiedenen *Cheiracanthium*-Arten registriert.

Der Biss des Dornfingers ist sehr schmerzhaft, die
Haut rötet sich und schwillt an. Im Detail sind die Wirkungen beim Selbstversuch von Peter Jäger und dem
Spinnenforscher Philip Bertkau, der beim Sammeln dieser Spinnenart mehrmals gebissen wurde, weiter unten
beschrieben.

Das Gift des Dornfingers enthält keine nekrotisch wirkenden Bestandteile. Frühere Meldungen über schwerwiegende Vergiftungsverläufe, bei denen Hautgewebe
aufgelöst wurde, sind somit falsch, wie neueste Studien
von Wolfgang Nentwig in der Schweiz beweisen. Das
gilt auch für die in der Holarktis sowie in Argentinien
und Israel vorkommende Art *Cheiracanthium mildei* (s.
Hobospinne) und generell für die Gattung.

Baldachinspinnen

Die kleinen bis winzigen Baldachinspinnen (Familie Linyphiidae) gelten als harmlos, es liegen auch keine medizinischen Befunde von Bissen vor, mit einer Ausnahme: 1974 hatte sich die Art *Leptorhoptrum robustum* im Filterbett einer Kläranlage in Birmingham stark vermehrt. Angestellte wurden gebissen. Örtliche Rötungen und Schwellungen waren die Folge. Eine ärztliche Behandlung war nicht nötig.

Falsche Witwen

Die kosmopolitische (weltweit vorkommende) 5-10 mm große Kugelspinne *Steatoda grossa* (Familie Theridiidae) wird auch als Falsche Witwe bezeichnet, denn die meist braun gefärbte in Haubennetzen lebende Art besitzt drei helle Fleckenreihen auf dem Hinterleib. Bei uns kommt sie nur in Häusern vor, im Süden auch im Freiland. Sie ist nicht aggressiv. Normalerweise flieht sie vor uns. Bisse erfolgen zur Verteidigung, wenn die Spinne gepackt oder gequetscht wird. Schmerzen an der Bissstelle sind die Folge sowie einige Tage anhaltende Übelkeit. Auch bei ihr wirkt das Gegengift der Schwarzen Witwe, was auf eine ähnliche Giftzusammensetzung schließen lässt.

Ein Exemplar dieser Spinnenart wurde übrigens vom Tierdompteur Steven R. Kutcher beim *Spider-Man*-Film von 2002 als die gentechnologisch veränderte Spinne eingesetzt, die Peter Parker beißt, worauf der sich in Spider-Man verwandelt. Zuvor wurde die Spinne noch zusätzlich angemalt, damit sie wie eine Echte Schwarze Witwe aussieht.

Auch die Gifte anderer Arten der Gattung *Steatoda* rufen beim Menschen Vergiftungserscheinungen hervor. So sind nach einem Biss der auch in Deutschland vorkommenden Art *Steatoda nobilis* Schmerzen, Schwellungen und zeitweise eine Versteifung aufgetreten.

Weitere Arten kommen im Mittelmeergebiet vor und verursachen schmerzhafte Bisse, so die ebenfalls wegen ihrer rot, gelb und weißen Hinterleibszeichnung als Falsche Witwe bezeichnete Art *Steatoda paykulliana*.

Fischernetzspinnen

Segestria florentina (Familie Segestriidae) wird über 2 cm groß und ist nahezu vollkommen schwarz gefärbt. Sie lebt versteckt in Felsspalten und unter Rinde und wurde aus dem Mittelmeergebiet ins Hafengebiet von Südengland eingeschleppt. Sie kann schmerzhaft zubeißen und Schwindel sowie Übelkeit hervorrufen.

Gartenkreuzspinnen und Hauswinkelspinnen

Wie wir schon hörten, können uns größere Spinnenarten beißen, wenn wir sie anfassen. Solch ein Biss tut weh und kann anschwellen, die Wirkung bleibt aber lokal. Das ist der Fall bei Bissen der Gartenkreuzspinne (*Araneus diadematus,* Familie Araneidae) und den Trichternetzspinnen (Familie Agelenidae) in Häusern und auf Wiesen: Hauswinkelspinne (*Eratigena atrica*) und Labyrinthspinne (*Agelena labyrinthica*).

Die Kräuseljagdspinne

Die Kräuseljagdspinne *Zoropsis spinimana* (Familie Zoropsidae) wanderte in den letzten Jahren nach Mitteleuropa ein. Sie kommt ursprünglich im Mittelmeergebiet vor. Die häufigsten Bisse wurden in der Schweiz nach einer aktuellen zweijährigen Studie von ihr verursacht. Ihr Biss wirkt wie ein Bienenstich.

Sechsaugenspinnen

Bisse von der nachtaktiven Sechsaugenspinne *Dysdera crocata* (Familie Dysderidae), die sich von Asseln ernährt, können recht schmerzhaft sein und 40 Minuten anhalten. Juckreiz und Hautrötung treten auf.

Die Wasserspinne

Zu Bissen von der unter Wasser in ihrer Gespinstglocke zwischen Pflanzen versteckt lebenden Wasserspinne (*Argyroneta aquatica*) (Familie Cybaeidae) kommt es nur bei ungeschickten Sammlern. Sie schmerzen lokal.

Zitterspinnen

Sie sollen extrem giftig sein, aber ihre Bisse sollen unsere Haut nicht durchdringen können. Beides ist jedoch falsch. Sie können uns beißen. Doch ihr Gift ist völlig harmlos für uns.

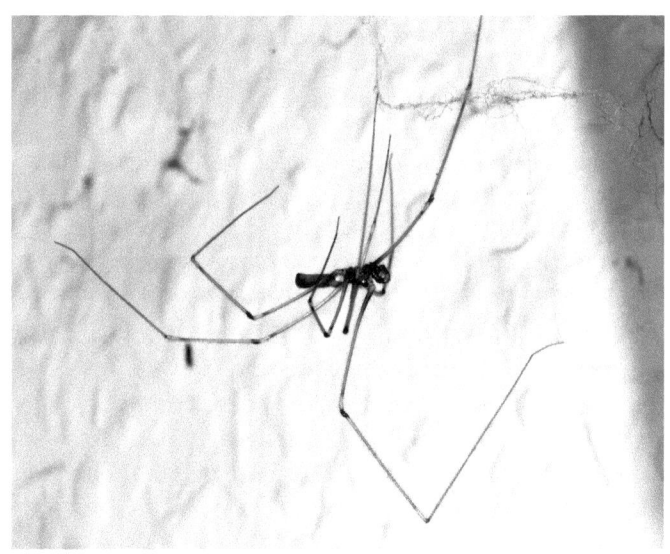

Zitterspinnen-Männchen langbeinig auf Freiersfüßen

Bissunfälle

Wird eine Spinne von uns gepackt oder aus Versehen gequetscht, dann beißt sie zu oder versucht es zumindest, wenn sie dazu noch in der Lage sind. Auch an sich friedliche Vogelspinnen tun das, wie ich einmal bei einer männlichen Baumvogelspinne der Art *Avicularia huriana* erfahren musste, die ich nur vorsichtig von meiner Hand lösen wollte. Und das geschah so:

Ich wollte zwecks Paarung *ihn* zu *ihr* setzen. Doch er rührte sich nicht, saß einfach nur still auf meiner rechten Hand. Ich versuchte ihn abzubekommen, indem ich ihn zwischen den Beinen von oben am Körper packte und zog. Seine Beine wurden immer länger. Er ließ mit seinen Hafthaaren an den Füßen einfach nicht los. Gut, dachte ich, dann eben anders. Also versuchte ich ihn mit der linken Hand abzuhebeln, schob sie von vorne unter ihn. Und schon hatte er mich in den Ringfinger gebissen. Das tat weh. Und siehe da, kaum war der Schmerz da, da hatte ich ihn auch schon von meiner Hand gezogen und in sein Terrarium zurückgesetzt, Deckel zu, erledigt. Dann desinfizierte ich die Wunde mit Jodersatz.
Und wie sah die Verletzung aus?
Da waren zwei kleine Einstichstellen, wie wir sie aus Literatur und Film über Vampire kennen.
Dann ging ich schlafen, sah am Morgen nach: Die Wunde war überhaupt nicht geschwollen. Vermutlich hatte der Spinnerich gar kein Gift abgegeben (Trockenbiss). Er hatte sich nur verteidigt, um mich los zu werden. Und das hatte ja auch wunderbar geklappt.

Franz Renner zitiert in seinem Buch *Spinnen ungeheuer - sympathisch* einen Beitrag des Bonner Spinnenforschers Philip Bertkau, der den Dornfinger *Cheiracanthium punctorium* 1891 erstmals für Deutschland nachwies. Beim Sammeln wurde er dreimal in den Finger gebissen. Er berichtet:

»Der Schmerz war ein ungemein heftig brennender und verbreitete sich fast augenblicklich über den Arm auf die Brust; am stärksten war er an der Bissstelle und in der Achselhöhle. Eine Änderung meines Allgemeinbefindens konnte ich nicht bemerken, abgerechnet einem zweimaligen kurzen Schüttelfrost, der mich etwa eine halbe Stunde nach den beiden kurz aufeinanderfolgenden Bissen ... befiel. Der spontane Schmerz war am anderen Morgen verschwunden, kehrte aber auf Druck an der Bissstelle wieder und ging am zweiten Tag in Jucken über. Als ich 4 Tage später wieder gebissen wurde, kehrten die Schmerzen und später besonders das Jucken an den früheren Bissstellen spontan wieder, und diesmal dauerte es fast 14 Tage, bis jedes ungewöhnliche Gefühl geschwunden war«.

Sich absichtlich beißen lassen

Gewöhnlich verzieht sich eine Vogelspinne in ihr Versteck, wenn man ins Terrarium greift, um den Wassernapf zu füllen oder mit der Pinzette Beutereste zu entfernen. Allerdings können flinke baumbewohnende Vogelspinnen aus kleinen Terrarien, in denen ihr Gespinst mit zwei Ein- bzw. Ausgängen versehen ist, dabei auch entkommen und müssen wieder eingefangen werden. Sind Vogelspinnen ohne Fluchtmöglichkeit und kommt man ihnen zu nahe, fasst sie vielleicht sogar an, dann können insbesondere die Arten ohne Brennhaare nach Aufrichten und Fauchen als Warnung oder auch direkt zur Verteidigung zubeißen.

Ab und zu lassen sich jedoch *Arachnologen* (Spinnenforscher) absichtlich beißen, um die Harmlosigkeit einer Spinnenart für uns Menschen zu demonstrieren.

So erzählte uns Spinnenliebhabern ein Engländer bei einem Arachnoweekend der *DeArGe (Deutsche Arachnologische Gesellschaf*t), wie er sich von einer der in Indien so gefürchteten Tiger Spider (*Poecilotheria*-Art) beißen ließ. Um sie dazu zu bringen, musste er sie allerdings erst einmal auf seinen Unterarm drücken, damit sie zubiss. Dabei verzog er keine Miene, denn ein Engländer kennt keinen Schmerz. Uns gegenüber gab er jedoch offen zu, dass es ganz schön weh getan hatte. Einschlafen konnte er danach auch nicht. Am nächsten Tag ging es ihm jedoch wieder besser.

Peter Jäger demonstrierte anlässlich der Nominierung der *Europäischen Spinne 2008*, wie ungefährlich ein Biss der bei uns heimischen Hauswinkelspinne (*Eratigena atrica*) ist: Er ließ sich im Frankfurter Senckenbergmuseum in die Fingerkuppe beißen. Das wars. Es traten keine Vergiftungssymptome auf. Beweisfotos wurden gemacht und übers Internet verbreitet.

In einem Artikel in der Spinnenzeitschrift *Arachne* berichtet Peter Jäger von seinen Erfahrungen mit Spin-

Peter Jäger lässt sich von der heimischen Hauswinkelspinne *Eratigena atrica* anlässlich ihrer Wahl zur Spinne des Jahres 2008 in die Daumenkuppe beißen, um zu demonstrieren, wie harmlos ihr Biss für den Menschen doch ist (Foto: Peter Jäger, Senckenberg Forschungsinstitut Frankfurt).

nenbissen im Laufe seines Lebens. Er interessierte sich von kleinauf für diese faszinierenden Lebewesen und versuchte sich schon mit 12 Jahren beißen zu lassen, was aber nicht gelang.

2018 dann ließ er sich von einem Weibchen des heimischen Ammendornfinger (*Cheiracanthium punctorium*) in die linke Handinnenfläche unterhalb des Daumens beißen (Bissunfälle mit dieser Art von Bertkau s. o.). Sie reagierte sehr aggressiv, als er ihren Gespinst ohne Kokon öffnete. Er protokollierte die Giftwirkungen: Der Biss dauerte 3 Sekunden, da die Spinne Probleme hatte, ihre Chelizeren aus der Haut zu ziehen. Die Einstichstellen waren nicht zu sehen. Dem kurzen Bissschmerz folgten die durch das abgegebene Gift erzeugten Schmerzen, wie wir es von Bienen- und Wespenstichen her kennen. Anschließend färbte sich die Haut ringsum rot und ihm wurde schlecht. Zu den Muskelschmerzen kamen jetzt noch dumpfe Schmerzen in den Knochen von Daumen, Zeigefinger und Handgelenk, die fast 24 h anhielten.

Peter Jäger hatte sich zuvor auch schon von anderen Spinnen beißen lassen, so auch von der nahverwandten Art *Cheiracanthium mildei.* Der Biss in den linken Unterarm verursachte nur 20 Minuten andauernde schwache Schmerzen, wie wir das vom Berühren einer Brennessel her kennen. Kurz waren auch die Schmerzen nach Bissen der Gartenkreuzspinne *Araneus diadematus,* der Hauswinkelspinne (*Eratigena atrica*) (s. o.), der Kräuseljagdspinne *Zoropsis spinimana* und der tropischen Gliederspinne *Liphistius malayanus*, die gar kein Gift besitzt.

In anderen Fällen kam es zu Bissen beim Einfangen der Spinnen, also ungewollt, so bei der heimischen Finsterspinne *Amaurobius ferox* und vier Arten der auch in Häusern lebenden tropischen Gattung *Heteropoda*, deren Gifte nur kurzanhaltende geringe Schmerzen verursachten.

In all diesen Fällen bissen die Spinnen in Notwehr, denn wer will schon gepackt und dann gefressen werden. Gefressen hat sie niemand, aber sie landeten zur Konservierung im Alkohol, wurden also getötet. Ohne Grund wurde Peter Jäger übrigens niemals von einer Spinne gebissen.

Alle hier erwähnten Forscher sind übrigens körperlich gesund und Fachleute. Also sollten Sie das auf keinen Fall nachmachen, schon gar nicht, wenn Sie für uns giftigere Arten zu Hause halten und dann auch noch Herzprobleme haben und entsprechende Medikamente einnehmen! Auch kleine Kinder dürften schwere Symptome zeigen.

Zitterspinnen-Invasion.

Hier sitzt eine für uns Menschen sehr giftige brasilianische »Bananenspinne« (*Phoneutria keyserlingi)* auf einer Borke (Foto: Bastian Rast).

Das Weibchen der Darling Downs funnel-web spider (*Hadronyche infensa*) aus Ostaustralien (Foto: Bastian Rast) ist eine für uns sehr giftige Verwandte der gefürchteten Sydney-Trichternetzspinne (*Atrax robustus*).

Giftspinnen weltweit

Spinnen mit stark wirkenden Giften

Immer wieder hört man in den Medien von tödlich giftigen Spinnen, die in Mittel- und Südamerika sowie Australien leben sollen. Gibt es sie tatsächlich oder ist alles nur Panikmache?

Der Wissenschaft sind nur wenige Arten bekannt, deren Bisse für Menschen gefährlich sind. Es sind lediglich 0,5% aller Arten, während es bei den Skorpionen 23% sind. Anzumerken ist hier jedoch, dass die Giftzusammensetzung der meisten der bekannten 48 306 Arten (am 15.10.19) noch nicht untersucht wurde. Derzeit werden jedoch Spinnen möglichst vieler Arten von einer Arbeitsgruppe der Queensland Universität in Australien mit Volker Herzig erforscht, denen das Gift durch Melken (Stromstoß) entnommen und anschließend analysiert wird.

Todesfälle oder schwere Vergiftungen gab es früher häufiger, als noch keine *Antiseren* (Gegengifte) vorhanden waren. Dies betrifft insbesondere die Bananenspinnen (*Phoneutria*-Arten), die Sydney-Trichternetzspinne (*Atrax robustus*) und die Witwen (*Latrodectus*-Arten).

Zusammenstellungen der für den Menschen gefährlichen Spinnen, bei denen gravierende Vergiftungssymptome nach Bissen auftreten bzw. aufgrund der chemischen Untersuchungen der Giftkomponenten angenommen werden müssen - man spricht hier von *medizinisch-relevanten Arten* - finden sich in zwei Artikeln in der *Arachne*, der Zeitschrift der DeArGe (Hauke, von Wirth, Herzig 2015, 2018).

Und nun folgt zunächst ein Überblick über die bekanntesten für uns sehr giftigen Arten, gefolgt von den Arten, die als gefährlich angesehen werden, es aber nach derzeitigem Kenntnisstand nicht sind.

Australische Trichternetzspinnen

Zunächst einmal muss betont werden, dass Trichternetzspinne nicht gleich Trichternetzspinne ist. Die australischen Trichternetzspinnen (Funnel-web Spiders) gehören zur Familie Atracidae (zuvor Hexathelidae). Die bei uns heimischen Trichternetzspinnen sind Arten einer ganz anderen Familie (Agelenidae).

Es gibt mehrere für uns gefährliche Arten in Australien, die alle im Osten in New South Wales leben. Sie gehören drei Gattungen an: *Atrax* (3 Arten), *Hadronyche* (31 Arten) und *Illawarra* (1 Art).

Die 2,5 cm großen Männchen der Sydney Funnelweb Spider (*Atrax robustus)* gehen in den Randbezirken von Sydney nachts in Gärten und Wohnungen auf Weibchensuche. Tagsüber verstecken sie sich, auch in Kleidungsstücken und Schuhen. Beim Anziehen sind schon öfter Menschen gebissen worden. Seit 1927 starben

13 Menschen an den Bissfolgen – auch kleine Kinder. Denn das Gift wirkt sehr stark auf unser Nervensystem. Auch injiziert diese Spinne im Unterschied zu anderen Arten beim Biss die ganze Giftmenge auf einmal. Übrigens wirkt das Gift der 4 cm großen Weibchen nicht so stark wie das der Männchen, eine Ausnahme unter den Spinnen. Seit 1980 gibt es in den Krankenhäusern ein Gegengift. Seitdem ist niemand mehr an den Bissen dieser Spinne gestorben.

Für die meisten ernsthaften Vergiftungen sind jedoch heutzutage zwei Arten der Gattung *Hadronyche* verantwortlich. Es sind dies *Hadronyche cerberea* und *Hadronyche formidabilis*, die auf Bäumen und in abgestorbenen Baumstümpfen leben. Mit ihr geraten Waldarbeiter beim Bäumefällen in Kontakt.

Die erst 2010 beschriebene Art *Illawarra wisharti* aus New South Wales besitzt dieselben aktiven Giftkomponenten (delta-Hexatoxine) wie die Gattungen *Atrax* und *Hadronyche* und dürfte somit ebenfalls gefährlich für uns Menschen sein.

»Bananenspinnen« - Kammspinnen

»Bananenspinnen« können mit Obst und anderer Fracht aus Südamerika in unsere europäischen und in die nordamerikanischen Supermärkte gelangen und Angestellte sowie KundInnen beißen.

Unter dem Begriff *Bananenspinnen* kann man alle Spinnen zusammenfassen, die mit Bananen und anderen Obstlieferung zu uns gelangen.

Für Menschen gefährlich sind jedoch nur die großen auffallenden Kammspinnen der Gattung *Phoneutria* (griech. Mörderin) aus der Familie Ctenidae. In Brasilien werden sie »aranhas armadeiras« (bewaffnete Spinnen) oder einfach »Armadeiras« genannt. In unserer Presse wird auch von *Brasilianischen Wanderspinnen* gesprochen. Derzeit sind 8 Arten beschrieben, die in Südamerika leben.

Früher wurden bedeutend mehr Spinnen importiert, wie Günter Schmidt beschrieb. Heute sind es weniger, weil Bananen mehrmals gewaschen und meist mit Insektiziden behandelt werden. In einer neuen amerikanischen Studie an 135 Spinnen aus internationalen Lieferungen, meist aus Costa Rica, Ecuador und Guatemala, waren die häufigsten Arten *Heteropoda venatoria* (Riesenkrabbenspinne, Familie Sparassidae) und *Cupiennius chiapanensis* (Kammspinne, Familie Ctenidae), deren Bisse harmlos sind. Weiterhin befanden sich auch einige Witwen (*Latrodectus*-Arten, s. u.) darunter, aber auch die zu den giftigsten Spinnen der Welt gehörenden Kammspinnen der Gattung *Phoneutria*, wovon Tobias Hauke in einem Übersichtsartikel 2015 berichtet.

In Brasilien sind die für Bisse verantwortlichen Arten *Phoneutria fera* sowie ihre Verwandte *Phoneutria nigriventer*. Fühlen sich diese Spinnen von uns bedroht, so fliehen sie oder beißen zu, wenn sie etwa beim Transport von Bananenstauden auf den Schultern gequetscht werden. Tagsüber findet man sie auch in Spalten und Ecken von Wohnhäusern, wo sich die meisten Unfälle ereignen. Ihr neurotoxisches Gift lähmt die Atmung und kann zum Herzstillstand führen. Allerdings geben Bananenspinnen zur Verteidigung beim sehr schmerzhaften Biss manchmal gar kein Gift ab (*Trockenbiss*), ansonsten unterschiedliche Giftmengen. Außerdem gibt es inzwischen ein Gegengift (*Antiserum*). In einer 2000 veröffentlichten Studie über 13 Jahre mit 422 Patienten starb ein Kleinkind 9 h nach dem Biss, in fast 90% der Fälle waren die Bissfolgen nur lokal. Lebensgefahr besteht also bei Kindern, Herzkranken und Senioren.

Anzumerken ist hier, dass Bisse mit Giftabgabe eine eigenartige Nebenwirkung haben: Es kommt bei Männern zu schmerzhaften Dauererektionen. Aus der hier wirkenden Giftkomponente ließe sich somit evtl. eine Viagraalternative entwickeln.

Phoneutria-Arten sind übrigens von ihren Verwandten der Gattung *Cupiennius* nur durch einen Fachmann zu unterscheiden. Bei Bissen von Vertretern dieser Gattung zeigen sich nach einer halben Stunde keine Symptome mehr.

Die Schwarze Witwe und ihre Verwandten

Die Schwarze Witwe und ihre Verwandten sind »Echte Witwen« und gehören zu der Spinnengattung *Latrodectus* (Familie Theridiidae). Die Weibchen werden bis 15 mm groß und bauen unregelmäßige klebrige Netze, in denen sie mit dem Bauch nach oben hängen. »Witwen« heißen sie, weil sie relativ häufig ihre Zwergmännchen bei der Paarung auffressen.

Der wissenschaftliche Name der Spinnengattung »*Latrodectus*« bedeutet »heimlicher Beißer«. Der Name kommt daher, dass die Bisse oft gar nicht bemerkt werden. Danach jedoch treten heftige Schmerzen durch das auf Menschen stark wirkende Nervengift (Neurotoxin) auf. *Latrodectismus* ist der Name für alle Vergiftungserscheinungen durch Bisse von Witwen.

Die derzeit beschriebenen 31 Witwenarten kommen weltweit in warmen Gebieten vor. Am bekanntesten ist die Schwarze Witwe (*Latrodectus tredecimguttatus*) aus Südeuropa, die auch Malmignatte heißt.

Im Nahen Osten kommt die Weiße Witwe (*Latrodectus pallidus*) vor, die bisher als harmlos galt, aber nach neuen Untersuchungen dieselben bei uns wirkenden Giftkomponenten besitzt wie die Schwarze Witwe und die anderen für uns giftigen Arten. Bei der Weißen Witwe wurde festgestellt, dass uns nicht nur die Weibchen, wie bisher angenommen, sondern auch die Männchen beißen können. Wegen ihrer geringen Größe haben diese allerding auch nur geringe Giftmengen.

Die kosmopolitische (weltweit vorkommende) Braune Witwe (*Latrodectus geometricus*) ist in Südafrika

Die weibliche Europäischen Schwarze Witwe (*Latrodectus trede-cimguttatus*) ist an ihren 13 hell umrandeten roten Flecken auf dem Hinterleib zu erkennen. Sie kommt rund ums Mittelmeer vor (Foto: Bastian Rast). In ihrem Lebensraum sitzt sie mit der Unterseite nach oben an versteckter Stelle in ihrem Netz.

die wohl häufigste Spinne an Häusern. Ihre schmerzhaften Bisse müssen nicht behandelt werden.

Im Gegensatz zu ihr gab es Todesfälle bei Kleinkindern und herzkranken Erwachsenen bei Bissen von *Latrodectus indistinctus*, die ebenfalls in Südafrika und auch in Namibia vorkommt.

Die Amerikaner nennen ihre Witwe »Black Widow« (*Latrodectus mactans*).

Die australische Witwe (*Latrodectus hasselti*) heißt wegen ihres roten Rückens »Redback Spider« und ist mit 10 mm relativ groß, die Männchen messen nur 3 mm. Wegen ihrer auffälligen Zeichnung und ihrer Giftigkeit ist sie die in Australien bekannteste Spinne. Ihre Bisse sind nicht tödlich, doch verursachen sie starke Schmerzen, aber auch Übelkeit, Kopfschmerzen und Lethargie. Es sollte sofort ein Krankenwagen gerufen werden. Es gibt heute ein speziell gegen ihr Gift entwickeltes Antiserum, das jedoch vor allem als Schmerzmittel wirkt, wie sich 2014 bei Versuchen mit Placebos (Salzlösung statt Antiserum) herausstellte. Die erst 1870 beschriebene Spinne war natürlich längst den Aborigines bekannt. Ursprünglich im trockenen Süden und Westen Australiens vorkommend hat sie sich in Begleitung des Menschen nach Osten hin ausgebreitet und bewohnte gerne die damals üblichen Außentoiletten, wo es immer genügend Fliegen als Beute gab. Erst nachdem es Ende des 19. und Anfang des 20. Jahrhundert vermehrt zu Bissen kam, wurde ein Antiserum entwickelt. Die Redback Spider gelangte über den Schiffsverkehr in weit entfernte Länder. Sie ist inzwischen auch in Neuseeland, Japan, auf den Philippinen sogar im Iran, in England und Belgien zu finden.

Todesfälle?

Sehr schlimm sind die nach Bissen der in Südeuropa lebenden Malmignatte auftretenden Bauchschmerzen, denen Schweißausbrüche folgen. Männer bekommen Erektionen und Ejakulationen und können danach über Monate impotent sein. Bei Lähmungen der Atmung kann es zum Tod kommen.

Von der nicht aggressiven Redback Spider sind 13 Todesfälle bekannt - seit Beginn der Aufzeichnungen, der letzte ereignete sich 1955, im Jahr vor der Einführung eines Antiserums. Dabei werden von ihr jedes Jahr zwischen 5 000 und 10 000 Menschen gebissen! Nach einem Biss sollte sofort ein Krankenwagen gerufen werden. Ruhig bleiben und keinen Druckverband anlegen, ist die Empfehlung aus medizinischer Sicht.

Bisse in männliche Genitalien

Erwähnenswert ist hier, dass bis 1933 zwei Drittel aller Bisse der europäischen Malmignatte auf Außenaborten in ländlichen Gegenden vorkamen, unter deren Sitzen sie ihre Netze bauten. Bei der Klobenutzung wurden Männer in ihre Genitalien gebissen! So war es sicherlich auch bei der australischen Redback Spider. Auch in den USA kam es zu solchen Bissen. Hier war die Übeltäterin die Black Widow, nach deren Bissen jeder zwanzigste unbehandelte Mensch sterben muss.

Einsiedlerspinnen, Sechsäugige Sandspinnen

Diese Spinnen gehören in die Familie Sicariidae mit den Gattungen *Hexophthalma*, *Loxosceles* und *Sicarius*. Sie sind die einzigen Spinnen, deren Bisse *Nekrosen* auslösen können, bei denen das Hautgewebe abstirbt. Verantwortlich ist ein Enzym namens Sphingomyelase D. Die Wunden benötigen eine lange Heilungszeit.

Loxosceles

Die meisten Arten der Gattung *Loxosceles* kommen in Nord-, Mittel- und Südamerika vor, einige auch in Südafrika und auf den Kanarischen Inseln. Von einigen Autoren wurden sie in eine eigene Familie gestellt (Loxoscelidae, Braune Spinnen).

Die Art *Loxosceles rufescens* ist ein Kosmopolit, also weltweit zu finden und kommt auch im südlichen Mittelmeergebiet vor. Neuerdings wurde sie auch in Gewächshäusern in den Niederlanden entdeckt. Auch nach Australien wurde sie vom Menschen eingeschleppt und breitete sich von Adelaide im ganzen Süden des Kontinents aus. Gefährliche Zwischenfälle sind vor allem aus Amerika bekannt, nicht jedoch aus Europa und Südafrika, sodass angenommen wurde, die bei uns vorkommenden Spinnen wären harmloser. Eine aktuelle Untersuchung mit einem Vergleich der Giftzusammensetzung der amerikanischen Art *Loxosceles arizonica* mit dem der europäischen Arten erbrachte jedoch keinen Unterschied in der Giftzusammensetzung, sodass auch die Bisse der in Europa lebenden Exemplare von *Loxosceles rufescens* gefährlich sein dürften. In Australien verursachen die Bisse dieser Art meist keine schwerwiegenden medizinischen Komplikationen, gelegentlich treten jedoch Hautnekrosen auf.

Im Mittleren Westen und Süden der USA lebt die 6 bis 20 mm große Braune Einsiedlerspinne (Brown Recluse Spider), die wegen einer geigenartigen Zeichnung auf dem Vorderkörper auch *Violin spider* und *Fiddleback spider* genannt wird. Ihr wissenschaftlicher Name lautet *Loxosceles reclusa*. Sie baut ihr unregelmäßiges Netz an trockenen Plätzen, z. B. in Holzstapeln, Garagen und Kellern. Wegen ihrer Bisse ist sie sehr gefürchtet. Doch sie beißt nur aus Notwehr, z. B. wenn sie gequetscht wird. Ihr Biss schmerzt nicht, weil sie nur winzige Cheliceren besitzt. Bei den meisten Bissen gibt es nur eine Hautrötung. In anderen Fällen treten nach 2-8 Stunden immer stärker werdende Schmerzen auf. Um die Bissstelle herum stirbt die Haut innerhalb der nächsten Tage ab, auch Blutzellen werden zerstört. Es entsteht eine *Nekrose*. Auch kann es zu Kopfschmerzen, Krämpfen, Übelkeit und Erbrechen kommen. Allerdings haben 80% der gemeldeten Hautverletzungen vermutlich ganz andere Ursachen: z. B. Wundinfektionen durch bestimmte Bakterien oder Pilze, Verätzungen und Geschwüre bei Zuckerkranken. Inzwischen gibt es einen Test, der klarstellt, ob eine Einsiedlerspinne die Schuldige ist.

In Südafrika kommt die verwandte Art *Loxosceles parramae* in Häusern vor. Sie versteckt sich hinter Schränken und in Kleidung. Menschen werden im Schlaf oder beim Anziehen von Schuhen gebissen, was recht selten geschieht und nicht schmerzhaft ist. Jedoch wird Gewebe an der Bissstelle zerstört, es tritt ein Geschwür auf, was Monate bis zur völligen Abheilung benötigt.

Sicarius und *Hexophthalma*

Gewebe und Blut zerstören auch die Gifte der in Südafrika vorkommenden Arten der Gattung *Hexophthalma* (zuvor *Sicarius*), die nicht aggressiv sind und in Wüsten und Halbwüsten versteckt leben. Spinnensammler und

Camper wurden von ihnen schon gebissen. Innerhalb einer Stunde treten massive Nekrosen auf, innerhalb der ersten vier Stunden kommt es zu entzündlichen Prozessen an Herz, Lunge und Leber und Gerinnungsstörungen beim Blut.

Den Gattungsnamen *Sicarius* tragen nur die in Südamerika vorkommenden Arten. *Sicarius ornatus* in Brasilien besitzt ebenfalls das bei *Loxosceles* vorkommende für Nekrosen verantwortliche Enzym. Da *Sicarius*-Arten größere Giftmengen als *Loxosceles*-Arten bei Bissen abgeben, dürften ihre Bisse gefährlicher sein. Jedoch sind nur wenige Fälle, diese mit geringen Symptomen, dokumentiert, was einfach daran liegt, dass die Arten dieser Gattung versteckt im Wüstensand leben, während *Loxosceles* in Stadtgebieten vorkommt.

Macrothele

Angehörige der Spinnengattung *Macrothele* (Familie Macrothelidae, zuvor Hexathelidae) leben in Indien, China und Südostasien, aber auch in Afrika und Südeuropa, hier in unmittelbarer Nachbarschaft zum Menschen, und werden auch als Terrarientiere gehalten. Heute werden *Macrothele*-Arten als nicht medizinisch-relevant angesehen. Es liegen jedoch keine klinischen Studien zur Giftwirkung vor. 1998 hieß es jedoch noch, dass *Macrothele holsti* die giftigste Spinne von Taiwan sei. Bei einem Biss durch die südeuropäische *Macrothele calpeiana* traten folgende Symptome auf: Starker Schmerz, in den Unterarm ausstrahlend, 13 Stunden anhaltend, erhöhter Blutdruck, 15 Stunden langes Herzrasen und drei Tage lang Kreislaufbeschwerden sowie Fieber. Falls keine Verwechslung z. B. mit einer australischen Trichternetzspinnenart der Gattung *Atrax* (s. o.) vorlag, sollte man also Vorsicht beim Umgang mit diesen Spinnen walten lassen.

Mouse Spiders (Mausspinnen)

»Mouse Spiders« ist die englische Bezeichnung für die Spinnenfamilie Actinopodidae. Der populäre Name stammt vermutlich vom mäuseartigen Bau der Red-headed Mouse Spider (*Missulena occatoria*) mit weitem Eingang und großem Ruheraum am Ende der bis zu 55 cm messenden Erdröhre. Mausspinnen sehen wie Falltürspinnen aus, besitzen jedoch sehr große Cheliceren, mit denen sie kräftig zubeißen können. Sie leben unterirdisch in seidenumhüllten Kammern, zu denen Erdröhren mit einer Falltür am Eingang führen. Zusätzlich stellen sie eine zweite senkrecht zur ersten stehende Falltür mit einer Kammer dahinter her, die als Versteck vor Feinden und als Brutkammer für Kokon und Junge dient. Die meisten der 17 Arten der Gattung *Missulena* kommen in Australien vor, andere in Südamerika. Männchen laufen am hellichten Tag meist nach Regenschauern auf Weibchensuche umher.

Diese Spinnen sind sehr aggressiv gegenüber Menschen. Bisse sind jedoch selten, da sie in wenig besiedelten Gegenden vorkommen, und zeigen meist nur geringe Wirkung. Häufig sind zudem Trockenbisse, bei denen gar kein Gift injiziert wird. Einige kritische Fälle sind jedoch bekannt. So musste ein von *Missulena bradley* gebissenes 19 Monate altes Kind mit einem Antiserum für australische Trichternetzspinnen (*Atrax*-, *Hadronyche*-Arten) behandelt werden, da starke Vergiftungsanzeichen auftraten. Die Analyse des Gifts ergab Komponenten, die eine große Ähnlichkeit mit diesen Trichternetzspinnen aufwiesen. Ein Weibchen dieser Art hatte sich einmal so stark in den Finger eines siebenjährigen Jungen verbissen, dass eine Trennung erst nach ihrer Tötung durch Zerquetschen möglich war. Todesfälle von Menschen durch Bisse dieser Spinnen sind nicht bekannt.

Tigerspinnen (Tiger Spiders)

Bisse von Tigerspinnen (Gattung *Poecilotheria*), die zu den Vogelspinnen gehören (Familie Theraphosidae), verursachen bei fast der Hälfte ihrer Opfer längeranhaltende Krämpfe. Ursache könnte die Abgabe einer größeren Giftmenge oder von mehr wirkenden Toxinen als bei Bissen anderer Vogelspinnen sein. In diesem Fall sollte der Terrarienbesitzer sofort einen Krankenwagen rufen. In anderen Fällen sind die Folge eines Bisses harmloser (s. o. der unter *Sich absichtlich beißen lassen*).

Trinidad-Baumvogelspinne *Poecilotheria ornata* lauert kopfunter auf einer Borke.

Giftspinnen ohne medizinische Bedeutung

Australische Hausspinnen / Intertidal Spiders

Zur Familie Desidae gehören am Meeresstrand (Intertidal Spiders, Gattung *Desis*) sowie im menschlichen Wohnbereich (*House Spiders)* in Australien vorkommende Arten. Bisse der Braunen (*Badumna longinqua*) und Schwarzen Hausspinne (*Badumna insignis*) sind nicht selten, jedoch nicht lebensgefährlich. Geringe bis schwere Reaktionen sind jedoch bekannt: Meist heftige Schmerzen und örtliche Schwellungen, aber in einigen Fällen zusätzlich Übelkeit, Erbrechen und Schwitzen. Nach mehrfachen Bissen soll es auch zu Hautwunden (Nekrosen) gekommen sein, was durch einen neuere Studie jedoch widerlegt wurde. Beide Arten wurden übrigens nach Japan und Neuseeland eingeführt, die Braune Hausspinne auch in die USA, nach Mexiko und Uruguay. In einem Berliner Baumarkt wurde jüngst ein erster Vertreter dieser Art entdeckt.

Bolaspinnen

Bisse von Radnetzspinnen (Familie Araneidae, Unterfamilie Mastophorinae) sind harmlos, wie eine australische Studie zeigte. Das dürfte auch für die amerikanische Gattung *Mastophora* zutreffen, auch wenn es bisher keine wissenschaftlichen Befunde gibt.

Dornfingerverwandte in Südafrika

Die nahe Verwandte des europäischen Dornfingers *Cheiracanthium furculatum* (Familie Eutichuridae, Sackspinnen) verursacht die meisten Bissunfälle in Südafrika, da sie in Wohnungen lebt und die Männchen nachts auf Weibchensuche herumlaufen. Bisse ereignen sich im Schlaf, aber auch beim Ankleiden, da sich die Spinnenmänner auch in Kleidern verstecken und sofort zubeißen. Um die beiden Einstichstellen soll Gewebe zerstört werden, das aber innerhalb von zwei Wochen wieder verheilt. Diese Aussage steht im Widerspruch zu neuesten Untersuchungen an der heimischen Art *Cheiracanthium punctorium*, deren Gift keine Nekrosen verursacht.

Falltürspinnen

Hierzu zählen Vertreter verschiedener Familien, von denen zahlreiche Arten Falltüren am Eingang ihrer Erdröhren bauen: Actinopodidae, Barychelidae, Ctenizidae, Dipluridae, Idiopidae, Migidae, Nemesiidae. Wegen ihrer versteckten Lebensweise und relativ geringen Giftmenge trotz großer Chelizeren sind sie ohne medizinische Bedeutung. In zwei klinischen Studien rief das Gift von Falltürspinnen beim Menschen nur relativ milde Symptome hervor.

Die Hobospinne

Es handelt sich bei der Hobospinne *Eratigena agrestis* (ehemals *Tegenaria agrestis*, Familie Agelenidae) um eine nahe Verwandte unserer häufigsten Hauswinkelspinne *Eratigena atrica*. Sie wurde von Auswanderern in die USA eingeschleppt und soll dort starke Hautverätzungen durch ihre Bisse ausgelöst haben, während davon nichts von den europäischen Exemplaren derselben Art bekannt ist. 2014 nun wurden in Oregon 33 Bissunfälle untersucht, darunter drei Fälle mit *Eratigena*-Arten (*E. agrestis*, *E atrica* und eine weitere Art). Sie verursachten Schmerzen, Hautrötung, Schwellung und Muskelzuckungen, jedoch keine Kreislaufbeschwerden und keine Hautnekrosen. Für letztere dürften Braune Einsiedlerspinnen (*Loxosceles reclusa s. o.*) verantwortlich sein, die fälschlicherweis für Hauswinkelspinnen gehalten wurden. Das Gift der Hobospinne und ihre Verwandten wirkt nur lokal und ist harmlos.

Krabbenspinnen

Krabbenspinnen (Familie Thomisidae) gehören nicht zu den für uns gefährlichen Arten. Doch soll die in Madagaskar lebende Art *Phrynarachne rugosa* tödlich giftig sein. Es gibt allerdings keine Studien hierzu. So wird diese Art derzeit nicht als medizinisch relevant angesehen.

Prowling Spiders

In Australien kommt es relativ selten zu harmlosen Bissen von »Herumstreifenden Spinnen« der Gattung *Miturga* (Familie Miturgidae).

Riesenkrabbenspinnen

Bisse von Riesenkrabbenspinnen (Familie Sparassidae), im Englischen *Huntsman Spiders* genannt, sind harmlos. Sie passieren meist beim Versuch, diese auch in Häusern lebenden flinken Spinnen einzufangen. Mit 23% aller Spinnenbisse liegen sie in Australien an der Spitze. Es gab nie ernsthafte Folgen, lediglich lokal kam es zu Schmerzen und Hautrötung und in 4% aller Fälle kamen Übelkeit bzw. Kopfschmerzen hinzu.

Widerlegt werden konnte die Behauptung, dass Bisse der Gattung *Neosparassus* schwerwiegende Symptome hervorrufen. Untersucht wurden in Australien zudem die Gattungen *Delena, Heteropoda* und *Isopoda*. 88 Gattungen hat die Familie, bekannt sind zudem *Olios* und die bei uns lebende *Micrommata*.

Auch die in Südafrika lebenden Rain spiders der Gattung *Palystes* sind harmlos. Am häufigsten ist hier die Common rain spider *Palystes superciliosus*. Ihren populären Namen tragen sie übrigens daher, dass sie bei Regenbeginn in Häusern Unterschlupf suchen, wo sie dann plötzlich auftauchen.

Seidenspinnen

Das Gift der großen Seidenspinnen der Gattung *Nephila* (Familie Araneidae, Unterfamilie Nephilinae) wirkt neurotoxisch, also auf unsere Nerven, so ähnlich wie das der Schwarzen Witwe, doch nicht so stark und ist für Menschen nicht tödlich. Und doch schmerzt der Biss, die Bissstelle rötet sich, und Blasen können erscheinen, die innerhalb eines Tages verschwinden. Muskelkrämpfe und allergische Reaktionen sind möglich und Narben können an Fingern zurückbleiben.

Sechsaugenspinnen

Die lokale Giftwirkung der Sechsaugenspinne *Dysdera crocata* (Familie Dysderidae) wird im Kapitel *Heimische Giftspinnen* behandelt. Diese in Europa lebende Art wurde mit menschlicher Fracht u. a. nach Australien, Brasilien, Nordamerika und Neuseeland verschleppt.

Taranteln, Tarantella und Tarantulas

Vielleicht kennen Sie den Ausspruch »Wie von der Tarantel gestochen«. Da Spinnen keinen Stachel besitzen, muss es eigentlich »gebissen« heißen.

Der Name leitet sich vermutlich von der Stadt Tarent in Apulien ab. Laut Duden findet sich der aus dem Italienischen stammende Name »Tarantel« für die südeuropäische Wolfspinne seit dem 16. Jahrhundert in deutschen Texten.

Tarantella

Seit 1700 wird ein süditalienischer Volkstanz im $^3/_8$- oder $^6/_8$-Takt »Tarantella« genannt, bei der die Tänzer »Wie von der Tarantel gestochen« herumspringen. Im Volksmund wird der Name nicht von Tarent, sondern von der Wolfspinne namens *Tarantula* abgeleitet. »Tarantella« heißt »kleine Tarantula«. Eine erste schriftliche Dokumentation des Tanzes findet sich in dem Buch *Tarantella als Gegengift (antidotum tarantulae)* von Athanasius Kircher.

Das Gift der Tarantel sollte durch den wilden Tanz aus dem Körper des Gebissenen ausgetrieben werden. Der Name dieser Krankheit ist »*Tarantismus*«, die Opfer wurden »Tarantati« genannt, wie wir in Franz Renners Buch *Spinnen ungeheuer - sympathisch* nachlesen können. Möglicherweise wurden die Bissopfer jedoch nicht von Taranteln, sondern von Schwarzen Witwen gebissen.

Von dieser Volksmusik inspiriert entstanden seit dem 19. Jahrhundert Werke berühmter Komponisten, so von Frédéric Chopin, Franz Liszt, Sergei Rachmaninow, Gioachino Rossini, Franz Schubert, Pjotr Tschaikowski, u. a.

Taranteln

Echte Taranteln: Inzwischen tragen mehrere 25-30 mm große Wolfsspinnenarten den Namen »Tarantel«, z. B. die Apulische Tarantel (*Lycosa tarantula*), die Schwarzbäuchige Tarantel (*Hogna radiata*) und die Südrussische Tarantel (*Lycosa singoriensis*).

Vermutlich brachten italienische Auswanderer den Namen für große auf dem Boden lebende Wolfsspinnen in die USA. Dort werden jetzt alle Vogelspinnen wegen ihrer Größe »Tarantulas« genannt.

Bisse von Echten Taranteln, den großen Wolfsspinnen, sind für uns meist harmlos und verursachen nur lokale Rötungen. Meldungen über Hautnekrosen nach Bissen durch *Hogna*- und *Lycosa*-Arten erwiesen sich in neuen Studien als falsch. Bei Gebissenen in Australien traten meist nur lokale Schmerzen und Hautrötungen auf, selten kam es auch zu Übelkeit.

Tarantulas

Wie neuere Studien zeigen, sind Bisse der meisten Vogelspinnenarten für den Menschen harmlos: Meist treten nur schwache Symptome auf.

Tarantel oder verwandte große Wolfspinne aus Südeuropa (Familie Lycosidae).

Tarantula: Männliche Goliathvogelspinne *Theraphosa blondi* (subadult) wartet auf Beute.

Amerikanische Arten streifen zur Verteidigung *Brenn-haare* ab und beißen selten. Doch haben alle Vogelspinnen große Giftklauen. Mit dem Biss gelangen Bakterien in die Wunde. Deshalb sollten Wunden auch bei Bissen von harmlosen Arten mit Jod desinfiziert werden.

In schlechtem Ruf stehen die in Australien und Neuguinea sowie in Südostasien lebenden *Selenocosmia*-Arten. Eine aktuelle Studie der Bissfolgen ergab jedoch keinen Unterschied zu anderen Vogelspinnen.

Auch die in Südafrika lebenden *Harpactirella*-Arten zählen nicht zu den medizinisch relevanten Spinnen. Die in älteren Gifttierbüchern genannten Todesfälle durch *Harpactirella lightfooti* gab es nie, lediglich brennende Schmerzen und Übelkeit in zwei Bissunfällen, die nach 24 Stunden vollständig abgeklungen w*aren.*

Von der aggressiven nachtaktiven Roten Usambara-Vogelspinne *Pterinochilus murinus* gibt es Bissberichte, zum einen von Trockenbissen ohne Wirkung, zum anderen von sehr schmerzhaften Bisse mit Anschwellen der Wunde und Muskelkrämpfen.

Tigerspinnen, also *Poecilotheria*-Arten aus Indien und Sri Lanka besitzen jedoch Gifte, die stärker auf uns Menschen wirken (s. o.).

Im Unterschied zu den eben angeführten Beispielen lassen sich andere Vogelspinnen wie *Grammostola rosea* wegen ihrer Friedfertigkeit zur Überwindung der Spinnenangst und im Spinnenunterricht verwenden. Und doch wirkt ihr Gift auf Mäuse einschläfernd.

Vor kurzem wurde die Wirkung des Gifts der Trinidad-Baumvogelspinne (*Psalmopoeus cambridgei*) auf den menschlichen Körper untersucht. Ihr Gift weist Gemeinsamkeiten mit Capsaicin auf, das Chili beim Verzehr scharf wirken lässt. Somit dürfte dieses Gift nicht nur zur Überwältigung der Beute, sondern aufgrund seiner Wirkung auf Schmerzrezeptoren auch zur Verteidigung gegen Feinde unter den Wirbeltieren dienen.

Vogelspinnenhorror im Film

In Horrorfilmen und Krimis mit *Mordwerkzeug* »Spinne« sind immer wieder Vogelspinnen zu sehen. Warum? Ganz einfach, weil sie groß sind und große Cheliceren besitzen. Somit denkt der ängstliche Laie: Je größer, desto gefährlicher, was nun einmal falsch ist. Der Einsatz großer harmloser Vogelspinnen in Filmen hat zwei Vorteile: Da sie das Grauen steigern, sind sie für die Kinokasse oder die Einschaltquote beim TV bestens geeignet. Zudem sind sie wegen ihrer Bissunlust und geringen Giftigkeit optimal für die Schauspieler, die mittels Spinnendompteur mit den Spinnen arbeiten müssen - bzw. mussten. Denn heute lassen sich ja echte und künstliche Spinnen einfach mit Computerprogrammen erzeugen bzw. einfügen.

White Tailed Spiders - Weißschwanzspinnen

Die australischen Spinnen der Gattung *Lampona* (Familie Lamponidae), die nach Neu-Seeland und Tasmanien eingeführt wurden, werden bis zu 18 mm groß und besitzen ein weißes Hinterleibsende, daher ihr Name. Es gibt fast 60 Arten, am bekanntesten sind *Lampona cylindrata* und *L. murina*. Sie bewohnen Gärten und Häuser und machen dort Jagd auf andere Hausspinnen. 60% der Bisse ereignen sich beim Kontakt mit in Kleidung und Handtüchern versteckten Exemplaren. Ihre Bisse erzeugen meist nur lokale Schmerzen, Rötung und Jucken der Haut, seltener auch Kopfschmerzen, Übelkeit und Erbrechen. Bei einer neueren Untersuchung von 139 Bissen wurde festgestellt, dass sie keine Nekrose, also das Absterben der Haut, verursachen, wie immer wieder behauptet wird.

Spinnengifte als Medizin und Insektizid

Giftseren nach Bissen

Aus dem Gift der für uns gefährlichen Spinnenarten werden schon seit längerer Zeit mit Immunkörpern angereicherte als Impfstoff verwendete *Blutseren* hergestellt, wie wir es von Giftschlangen her kennen. Gebissene Menschen können gerettet werden, wenn die Spinnenart bekannt ist und sie das Serum in ausreichender Menge rechtzeitig erhalten.

Solche Seren gibt es für die Witwen (*Latrodectus*-Arten), für die Trichternetzspinnen (*Atrax*- und *Hadronyche*-Arten) in der Gegend von Sydney in Australien, für die Kamm- oder Bananenspinnenarten (Gattung *Phoneutria*) in Südamerika sowie für *Loxosceles* in den USA (mehr s. Kapitel *Giftspinnen und Spinnengift*).

Toxische Giftpeptide

Aktuell entnimmt Volker Herzig mit seinen australischen Kollegen die Gifte möglichst vieler Spinnenarten, es sind derzeit schon über 400, auch von zahlreichen Vogelspinnen. Dazu werden die Spinnen gemolken, d. h. zum Beißen auf ein Plastikröhrchen gezwungen.

Das gewonnene Gift ist ein Cocktail aus zahlreichen Substanzen. Die Eiweißverbindungen (Peptide) darin wirken als *Toxine*, d. h. als Gift beim Bissopfer, und lähmen oder töten es. Diese Peptide werden isoliert und daraufhin getestet, ob sie für uns positiv eingesetzt werden können. Auch an der Universität Bern werden Spinnengifte entnommen. Denkbar sind der Einsatz als Bio-Insektizide und zur Bekämpfung von Parasiten, aber auch als Schmerzmittel.

Bio-Insektizid aus Spinnengift

Aus einem Toxin der zu den giftigsten Spinnen zählenden und in Südaustralien lebenden Spinnengattung *Hadronyche* ist inzwischen ein erstes Bio-Insektizid mit dem Namen *Versitude* von der Firma *Vestaron* in den USA hergestellt und zugelassen worden. Es handelt sich um ein Schädlingsbekämpfungsmittel auf biologischer Basis gegen die Aschgraue Höckereule (*Trichoplusia ni*) aus der Familie der Eulen (Noctuidae), deren Raupen u. a. Kohlblätter fressen und die in manchen Jahren häufig auftritt und beträchtliche Ernteschaden anrichten kann.

Spinnengift für Herz und Hirn

Das Peptid GsMtx-4 aus dem Gift der Roten Chile-Vogelspinne (*Grammostola rosea*) wirkt dem *Vorhofflimmern* unseres Herzens entgegen, wie dies heute schon eingesetzte Kalziumkanalblocker tun. Das Herz kommt wieder in den richtigen Takt, und das Schlaganfallrisiko sinkt.

Ein weiteres Peptid namens PhTx-3 kann *nach* einem *Schlaganfall* Gehirnzellen dreimal wirksamer als bisher eingesetzte Medikamente vor dem durch Sauerstoffmangel verursachten Untergang retten. Es stammt von der Bananenspinne *Phoneutria nigriventer*.

Auch ein Bestandteil der Toxins der australischen Trichternetzspinne *Hadronyche infensa* könnte Spätfolgen eines Schlaganfalls reduzieren.

Superpotenzmittel

Von der Giftigkeit der Spinnen hörten wir schon im Kapitel *Giftspinnen und Spinnengift*, auch von Bissen in männliche Genitalien.

Und jetzt soll ausgerechnet die giftigste Spinne der Welt *Phoneutria nigriventer* als Mittel gegen erektile Dysfunktion, also gegen Impotenz, eingesetzt werden?

Eine schmerzhafte Nebenwirkung ihres Giftbisses ließ Forscher aufhorchen: Gebissene Waldarbeiter litten unter langen und schmerzhaften Erektionen (*Priapismus*) und sollen auch später beim Sex fitter gewesen sein. Inzwischen wurde das Peptid Tx2-6 aus dem Gift isoliert, das zur vermehrten Durchblutung führt und Basis für ein Potenzmittel sein könnte, das auch längerfristig wirkt. Ein Hoffnungsschimmer am Horizont für ältere Männer, die sich derzeit mit Viagra und verwandten Mitteln trösten müssen.

Zitterspinne mit Fliegenbeute im Spotlicht beinverzerrt.

Literatur

Da dieses Buch kein wissenschaftliches Werk ist, wurde im Text auf Literaturzitate verzichtet, einige AutorInnen wurden aber dennoch genannt. Hier sind nur neuere Spinnenbücher und Klassiker sowie aktuelle Veröffentlichungen in deutscher Sprache zum Thema Angst und Giftigkeit sowie ein Verweis auf Internetseiten zum Thema Hypnose contra Phobien aufgeführt.

Phobienliste

Preetz, N.: www.preetz-hynose.de/phobienliste/

Spinnenartikel

Bertkau, P. 1891: Über das Vorkommen einer Giftspinne in Deutschland. - Verh. naturh. ver. preuss. Rheinl. 48: 89-93.

Hauke, T. 2015: Mythos Spinnenbisse - Aktuelles aus der Literatur. - Arachne 3/15: 18-27.

Hauke, T., von Wirth, V., Herzig, V. 2015: Wie gefährlich sind Spinnentiere für den Menschen? - Ein Gutachten zur Beurteilung medizinisch-relevanter Spinnentiere zum Entwurf eines Gefahrtiergesetzes der Landesregierung Nordrhein-Westfalen. - Arachne 20 (1): 26-37.

Hauke, T., von Wirth, V., Herzig, V. 2018: Gefährliche Spinnen und Skorpione im Überblick: Eine Stellungnahme zu den in der bayerischen Gefahrtierliste erfassten Spinnentieren. - Arachne 2/18: 4-31.

Jäger, P. 2018: Spinnenbisse von Ammendornfinger und Co. - Arachne 23 (6), 4-9.

Spinnenbücher

Bonsels, W. 1953: Die Biene Maja und ihre Abenteuer. - DVA, Stuttgart.

Brednich, R. W. 1990: Die Spinne in der Yucca-Palme. Sagenhafte Geschichten von heute. - Beck, München.

Brednich, R. W. 1993: Das Huhn mit dem Gipsbein. - Beck, München.

Davis, J. 1989: Garfield streicht ein. Sein zwölftes Buch. - Krüger, Frankfurt.

Dulleck, N. 2018: Spinnen Alarm! Das große (Spinnen-)Angst-weg-Buch. - Oetinger, Hamburg.

Gotthelf. J. 1986 (1842): Die schwarze Spinne. Erzählung. - Reclam, Stuttgart.

Leblanc, C. & Garrigue, R. 2013: Spinnen haut ab! - Süddeutsche Zeitung Junge Bibliothek, München.

Lindsey, T. 2005: Spiders of Australia. - New Holland, Sydney, Auckland, London, Cape Town.

Nitzsche, R. (in Vorbereitung): Literaturspinnen. - Books on Demand, Norderstedt.

Nitzsche, R. 2018: Spinnen. Biologie - Mensch und Spinne - Angst und Giftigkeit. - Books on Demand, Norderstedt.

Nitzsche, R. (in Vorbereitung): Spinnenfilme. - Books on Demand, Norderstedt.

Nitzsche, R. 2013: Spinnen kennen lernen. 2. Auflage. - Nitzsche, Kaiserslautern.

Nitzsche, R. 2013: Spinnen lieben lernen. 2. Auflage von: Spinnen. - Nitzsche, Kaiserslautern.

Nitzsche, R. 2015: Spinnen-Sex und mehr. - Nitzsche Kaiserslautern.

Nitzsche, R. 2005: Spinnen-Spiegelungen in Menschen-Augen. 2. Auflage von »Spinne sein«. - Nitzsche, Kaiserslautern.

Renner, F. 2018: Spinnen ungeheuer - sympathisch. 7. Auflage. - Nitzsche, Kaiserslautern.

Schmidt, G. 2000: Giftige und gefährliche Spinnentiere. - Westarp Wissenschaften, Hohenwarsleben.

Suer, P. 1989: Wenn Kinder Angst haben«. - Südwest, München.

Tann-Hochberg, C. 2016: Wie ich meine schreckliche Angst vor Spinnen verlor. - Books on Demand, Norderstedt.

Winter, A. 2018: Was deine Angst dir sagen will. - Mankau, Murnau am Staffelsee.

Spinnen-Register

fett: Verweise auf Abbildungen.

Spinnenbücher von Rainar Nitzsche

Spinnenbiologie, Mensch und Spinne

Spinnen. Biologie - Mensch und Spinne - Angst und Giftigkeit.

Die Schwerpunkte: Angst vor Spinnen, Giftigkeit, Beutespezialisten, Feinde, Sexualverhalten, Brutpflege, soziale Spinnen, Bionik. Zudem: Einwanderer, heimische Arten, Körperbau, Spinne des Jahres, Spinnenrekorde, Artnamen und Artenzahlen. Ausführliches Fachwortverzeichnis mit 378 Begriffen! Einige Schlagworte: Agonistisches Verhalten (Männer kämpfen gegeneinander), Brautgeschenke, Diebstahl, Kannibalismus (Eier, Geschwister, Kinder, Männer, Konkurrentinnen), Kolonien, Matriphagie (die eigenen Jungen fressen ihre Mutter auf), Selbstmord, „Vergewaltigung" sowie Spinnen in Sagen und Märchen. Taschenbuch, 404 Seiten, 66 Abbildungen, ISBN 9783837036695 und E-Book.

Literaturspinnen. Spinnen in Märchen, Sagen und Geschichten. In Vorbereitung.

Spinnenfilme. Spinnen in Haupt- und Nebenrollen. Spider-Man. In Vorbereitung.

Spinnen-Sex und mehr

Spinnensex: Verzehren alle weibliche Spinnen ihre Männer? Ist es gar für *ihn* von Vorteil, von *ihr* verspeist zu werden? Die Balz vor der Paarung: tanzende Männchen am Tag, Trommler in der Nacht, Brautgeschenke, »Liebesfesseln« aus Seide und »Vergewaltigungen«. *... und mehr:* Unsere Angst und ihre Biologie: Mütter.

216 Seiten, 161 Farbfotos auf 37 Tafeln, Fachwortverzeichnis mit 269 Begriffen, ISBN 9783930304196.

Spinnen-Spiegelungen in Menschen-Augen

Spinnen in der fantastischen Literatur und im Horrorfilm, Giftspinnen und Spinnenangst, Kinder und Spinnen, Spinne des Jahres, Spinnenrekorde, Spinnengötter ... 2. überarbeitete Auflage. 340 Seiten, 187 Abbildungen, ISBN 9783930304653.

Für die Jugend

Eklig, giftig oder zum Kuscheln? Wie Spinnen wirklich sind. Infos über giftige Arten, Rekorde, soziale Spinnen, die Spinne des Jahres, Rote Listen, Brautgeschenke. Mit ausführlichem Spinnen-ABC mit zahlreichen Fachbegriffen:

Spinnen lieben lernen

Ab 10 Jahre. 92 Seiten, 86 Farbfotos, ISBN 9783930304837. Auch als E-Book erhältlich.

Spinnen kennen lernen

Ab 12/13 Jahre. 136 Seiten, 142 Farbfotos, ISBN 9783930304929. Auch als E-Book erhältlich.

Spinnengeschichten

Spinnentraumgespinste

Spinnentraumgeschichten und Erlebnisse mit Spinnen und Menschen. Kapitel nach Themen unterteilt mit einer Rahmenhandlung: ein Mann in der Stadt, die Stechmückenfrau, die Kreuzspinne ... Mit verfremdeten Insekten- und Spinnenfotos und der Sage von Arachne aus Spinnensicht. 2. erweiterte Auflage, 162 Seiten, 96 Abbildungen, ISBN 9783930304707. Taschenbuch, 220 Seiten, 15 Abbildungen, ISBN 9783749406562 und e-book.

Spinnenfotos künstlerisch verfremdet

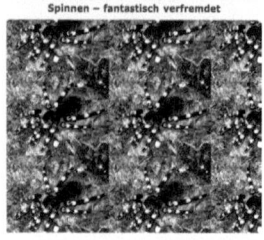

Rainar Nitzsche
Spinnenkunstwelten 2
Spinnen – fantastisch verfremdet

Rainar Nitzsche Verlag

Spinnenkunstwelten

Brautgeschenk-, Gartenkreuz-, Haus-, Krabben-, Springspinne, Tarantel und Vogelspinne. 38 fantastisch verfremdete Spinnenfarbfotos. Hardcover, 36 Seiten, ISBN 9783930304714.

Spinnenkunstwelten 2

Fotos von Vogelspinnen und heimischen Arten: real sowie fantastisch verfremdet. Baldachin-, Dornfinger, Flachstrecker-, Krabben-, Raub-, Sack-, Spring-, Trichternetz-, Wolf- sowie Vogelspinnen. Hardcover, 52 Seiten, 86 Farbfotos, ISBN 9783930304868.

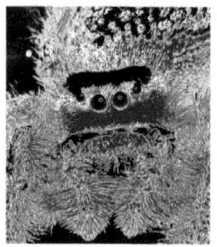

Rainar Nitzsche
Spinnen
fantastisch verfremdet

Spinnen fantastisch verfremdet

Fotos von Spinnen, wie sie wirklich aussehen sowie fantastische Versionen: Irdische Aliens, einfach wunderschön. 133 Fotos, 64 Seiten, ISBN 9783930304905. Es gibt auch eine englischsprachige Version dieses Titels: *Fantastic Spider Worlds*. ISBN 9783930304912.